© Verlag Zabert Sandmann GmbH
München
2. Auflage 2007
ISBN 978-3-89883-160-4

Rezeptfotos	Susie Eising
Foodstyling	Monika Schuster
Umschlag und Aufmacher	Dr. Kai-Uwe Nielsen
Porträt	Derek Henthorn (Seite 6)
Grafische Gestaltung	Georg Feigl, Barbara Markwitz
Redaktion	Edelgard Prinz-Korte
Vorwort	Nina Holländer
Herstellung	Karin Mayer, Peter Karg-Cordes
Lithografie	Christine Rühmer
Druck und Bindung	Mohn media Mohndruck GmbH, Gütersloh

In Zusammenarbeit mit dem Bayerischen Fernsehen

Besuchen Sie uns auch im Internet unter den Adressen www.zsverlag.de und www.alexander-herrmann.de

Koch doch. 3
mit Alexander Herrmann

Vorwort 6
Meine Küchenhelfer 8

Fingerfood & Tapas 14

36 Mediterranes Feeling

Pasta 68

86 Genießen mit Freunden

Festlich kochen 112

138 Hot & Spicy

Grillen 156

178 Weinwissen

Rezeptregister 180

Kreativ kochen – Anlässe gibt's genug

Mein inzwischen drittes Kochbuch soll wie seine Vorgänger eines vermitteln: Kochen bedeutet Spaß und Lebensqualität! Mit Ungezwungenheit und auch mal etwas Wagemut beim Ausprobieren gelingen oft die besten Gerichte. Natürlich sind Rezepte wichtig als Leitfaden und Ideengeber, als Gesetz sollte man sie aber nicht sehen. Denn in der heimischen Küche, zusammen mit Familie und Freunden ist nur eines wichtig: jeden (Koch-)Anlass mit Freude zu erfüllen. Und Anlässe gibt es genug: das Gourmetmenü zum Festtag, das legere Barbecue am Sommerabend oder die feurig-pikante Kreation beim ersten Date. Genau für diese schönen Seiten des Lebens soll dieses Buch ein kulinarischer Wegweiser sein. Ein roter Faden, der sich durch die Lebenssituationen zieht, die nach Genuss verlangen. Oder in denen sich einfach die Frage stellt: »Was koche ich bloß?« Jeder, der oft und gerne für Gäste kocht, kennt das Problem. Darum wollen wir mit einer neuen Bucheinteilung die Antwort etwas erleichtern. Denn in diesem Buch sind meine Rezepte nach Anlässen und Themen geordnet, das macht die gezielte Suche nach dem passenden Rezept zum Kinderspiel!

Wie immer bei »Koch doch« sind die Gerichte für alle Hobbyköche und -köchinnen mit mehr oder weniger Erfahrung problemlos nachzukochen. Und wie gewohnt steckt in jedem Rezept wieder ein Hauch Raffinesse aus der Spitzenküche. Oft werde ich gefragt: »Wie geht das eigentlich zusammen?« Als Küchenchef im eigenen Betrieb höchsten kulinarischen Ansprüchen der Top-Gastronomie zu genügen und andererseits im TV und in Kochbüchern alltagstaugliche Küche glaubhaft zu vermitteln? Ganz einfach: Indem man die Straße in beide Richtungen befährt. Aus der Spitzenküche werden die Details transportiert, die dem Hobbykoch Ideen für seine eigene Kreativküche liefern, und umgekehrt wird kochbegeisterten Menschen der Weg zu neuen kulinarischen Horizonten geebnet, um ihnen so die Top-Gastronomie noch ein Stück näherzubringen.

In diesem Sinne wünsche ich Ihnen viel Freude beim Nachkochen, Probieren und Experimentieren. Wer sich noch mehr Anregungen und Tipps holen oder einmal von mir bekochen lassen möchte, den lade ich herzlichst zu einem Kochkurs oder in Herrmann's Restaurant nach Wirsberg ein. Alle Infos unter www.alexander-herrmann.de oder Tel. 09227/2080.

Ihr

Alexander Herrmann

PS: Besuchen Sie doch mal die Jeunes Restaurateurs d'Europe unter www.jre.de. Als Vereinigung junger Spitzenköche setzen wir die Idee einer europaweiten Vernetzung kulinarischer Kompetenzen um. Denn auch Esskultur kann durch neue Einflüsse nur bereichert werden!

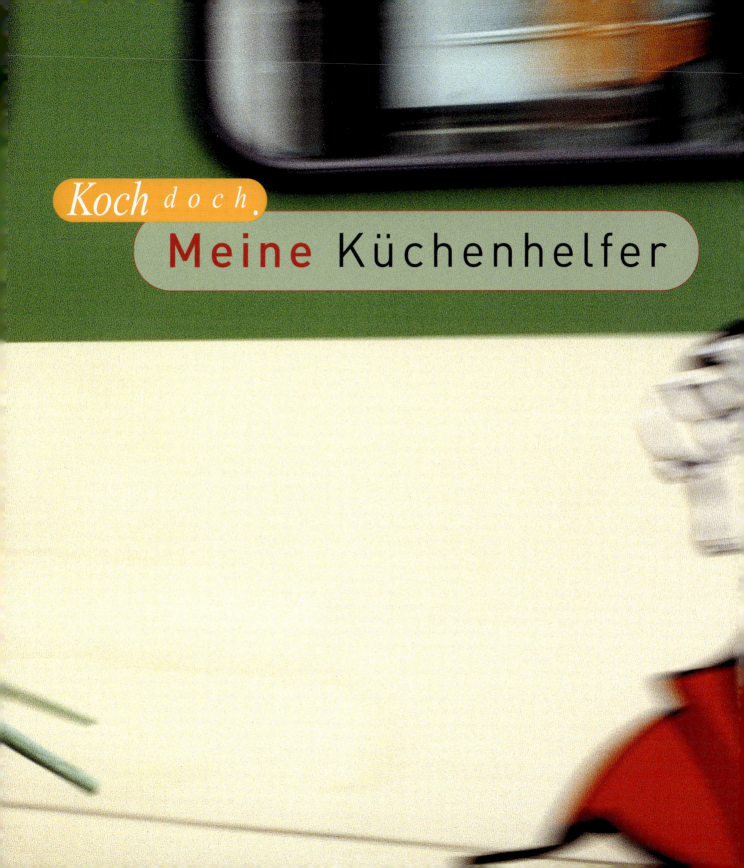

Koch *doch*.
Meine Küchenhelfer

Meine Küchenhelfer

Das gute Öl

Als Grundlage für das Würzöl nehme ich immer sehr gutes Olivenöl der ersten Pressung (extra vergine). Statt Olivenöl können Sie auch das leicht nussige und sehr gesunde Rapsöl verwenden. Es ist deshalb besonders wertvoll, weil es sich durch einen sehr hohen Anteil an einfach ungesättigten sowie mehrfach ungesättigten Fettsäuren auszeichnet. Rapsöl sollte man deshalb möglichst nur kalt verwenden und nicht zum Abrunden von heißen Gerichten. Wer ein geschmacksneutraleres Öl vorzieht, kann auch Sonnenblumenöl als Grundlage des Würzöls verwenden.

Würzöl

Zutaten für 430–530 ml

4–5 Rosmarinzweige
3 grüne Peperoni
4 kleine rote Chilischoten
1 Stückchen unbehandelte Zitronenschale
2 Knoblauchzehen (geschält)
400–500 ml Olivenöl

Die Rosmarinzweige waschen und trocken schütteln. Peperoni und Chilischoten waschen, Peperoni schräg in Scheiben schneiden. Rosmarin, Peperoni, Chilischoten, Zitronenschale und Knoblauchzehen in ein verschließbares Gefäß geben. Mit dem Olivenöl auffüllen. Das Würzöl sollte mindestens 2 bis 3 Tage ziehen, um sein volles Aroma zu erreichen.

Zum Aromatisieren des Öls können Sie außerdem noch Orangenschale, Sternanis sowie alle erdenklichen Pfeffersorten verwenden, da sie sehr geschmacksintensiv sind.

Balsamicosirup

Zutaten für 400 ml

1 gestr. EL brauner Zucker (9 g)
250 ml Rotwein
250 ml Aceto Balsamico
1 Schalotte (40 g)
½ Knoblauchzehe (geschält)
6 Thymianzweige
6 Stiele glatte Petersilie
60 g Honig
120 ml Traubensaft
Salz · schwarzer Pfeffer aus der Mühle
11 g Speisestärke
11 ml Rotwein

1. Den Zucker in einen Topf streuen und karamellisieren lassen.

2. Mit dem Rotwein und Aceto Balsamico ablöschen und aufkochen.

3. Die Schalotte schälen und in Streifen schneiden. Schalotte und geschälten Knoblauch dazugeben. Alles auf 300 ml einkochen lassen.

4. Thymian und Petersilie waschen und trocken schütteln. Honig, Traubensaft und Kräuter dazugeben. Aufkochen und zugedeckt 10 Minuten ziehen lassen.

5. Die Flüssigkeit durch ein Sieb gießen und auffangen. Erneut erhitzen und mit Salz und Pfeffer würzen.

6. Die Speisestärke mit dem Rotwein glatt rühren. Unter Rühren in den Sirup geben und aufkochen lassen.

Der beste Essig

Aceto Balsamico oder Balsamessig ist ein dunkelbrauner Essig mit süßsaurem Geschmack aus der italienischen Provinz Modena. Der echte Essig trägt die Bezeichnung »Aceto Balsamico tradizionale di Modena« und muss mindestens 12 Jahre alt sein. Der häufig in Supermärkten verkaufte Aceto ist eine Mischung aus eingedicktem Traubensaft mit Weinessig und mit dem echten Aceto Balsamico nicht zu vergleichen. Aus diesem Grund bereite ich lieber meinen eigenen Balsamicosirup zu.

Meine Küchenhelfer

Kräutersalz

Zutaten für ca. 50 g

6 Thymianzweige
6 Basilikumblätter
45 g bestes Meersalz (Fleur de Sel oder Maldon Meersalz)
abgeriebene Schale von ¼ unbehandelten Limette

Thymian und Basilikum waschen und trocken schütteln. Die Thymianblätter abzupfen, die Basilikumblätter hacken. Die Kräuter mit Meersalz und der Limettenschale vermischen. 2 bis 3 Tage ziehen lassen, bis sich das volle Aroma entfaltet hat.

Juspaste

Zutaten für 500 g

350 g Schalotten
50 g Karotten
50 g Sellerieknolle
50 g Lauch
1 EL Pflanzenöl
4 EL Tomatenmark
700 ml trockener Rotwein (kein Barrique)

Die Schalotten schälen und halbieren. Karotten und Sellerie schälen und in Würfel schneiden. Lauch putzen, waschen und klein schneiden. Schalotten, Karotten und Sellerie im Öl stark anbraten. Den Lauch und das Tomatenmark dazugeben und unter Rühren braten, bis sich am Topfboden Röststoffe bilden.

▼

Mit 300 ml Wasser ablöschen, die Hitze reduzieren und unter Rühren einköcheln lassen, bis sich erneut Röststoffe bilden. Mit 100 ml Rotwein ablöschen, langsam einköcheln lassen und erneut mit 100 ml Rotwein ablöschen. Diesen Vorgang noch 5-mal wiederholen, bis der Rotwein aufgebraucht ist. Der Ablösch-Einkoch-Vorgang soll langsam ablaufen, d.h., das Einkochen dauert etwa 1 ½ bis 2 Stunden.

▼

Die eingekochte Masse in einem Mixer fein pürieren und in einem geeigneten Gefäß im Kühlschrank aufbewahren. Die Paste ist etwa 8 bis 14 Tage haltbar. Man kann sie in kleinen Portionen einfrieren. Wenn Sie die Paste nicht pürieren, sondern nur durch ein Sieb streichen, wird sie nicht ganz so samtig. Als Dosierung empfehle ich 1 EL Juspaste für 200 ml Brühe. Die Brühe damit aufkochen und 2 Minuten ziehen lassen. Mit Salz und Pfeffer abschmecken. Das ergibt eine Sauce, die zu Fleisch, Gemüse oder Nudeln schmeckt.

Meine Küchenhelfer

Brühpulver

Zutaten für ca. 50 g

140 g Zwiebeln
85 g Karotten
25 g Lauch
65 g Sellerieknolle
150 g Tomaten
10 g Petersilienblätter
40 g Meersalz

Das Gemüse schälen bzw. putzen, waschen und in feine Würfel schneiden. Tomaten waschen, Stielansätze entfernen, Fruchtfleisch klein schneiden. Die Petersilie waschen, trocken schütteln und hacken. Alles mit dem Meersalz im Mixer fein pürieren. Die Masse auf ein Blech streichen und im Backofen bei 75 °C (Umluft) mindestens 8 Stunden trocknen lassen, dabei die Backofentür einen Spalt offen lassen. Die Masse im Mixer fein mahlen.

Meine Gemüsebrühe

Das Brühpulver ist in einem gut verschließbaren Gefäß mindestens 10 Wochen haltbar. 1 TL Pulver auf 200 ml Wasser ergibt eine milde Gemüsebrühe, die perfekt zum Kochen geeignet ist. Das Pulver selbst eignet sich auch bestens zum Abschmecken von Gemüse, Pasta oder Saucen.

1. Schalotten, Karotten und Sellerie im Öl anbraten. Den Lauch und das Tomatenmark dazugeben und unter Rühren braten, bis sich Röststoffe bilden.

2. Mit 300 ml Wasser ablöschen und einköcheln lassen. Nach und nach mit je 100 ml Rotwein ablöschen, einköcheln lassen, bis der Rotwein verbraucht ist.

3. Die eingekochte Rotwein-Gemüse-Masse in einem Mixer sehr fein pürieren. Oder die Masse durch ein Sieb streichen. Danach kühl lagern.

1. Zwiebeln, Karotten, Lauch, Sellerie, Tomaten, Petersilie und Meersalz in einen Mixer geben und fein pürieren.

2. Die Masse auf ein Backblech oder in eine Auflaufform streichen. Über Nacht (mindestens 8 Stunden) im Backofen trocknen lassen.

3. Die getrocknete Masse in einem Mixer fein mahlen, falls nötig, durch ein Sieb streichen. In einem gut verschließbaren Gefäß aufbewahren.

Koch doch.
Fingerfood & Tapas

Fingerfood & Tapas

Avocado-Nuss-Creme
mit getoasteten Tramezzini

Zutaten für 6 Personen

2 EL geröstete Cashewkerne
1 Avocado
1/2 EL Zitronensaft
Salz
2 EL Sonnenblumenöl
1 TL Alexanders Würzöl (siehe Seite 10)
3 Scheiben Tramezzini-Brot

Die Cashewkerne grob hacken. Die Avocado schälen, halbieren und den Stein entfernen. Das Fruchtfleisch mit einer Gabel zerdrücken und mit Zitronensaft, Salz, den beiden Ölen und den Cashewkernen vermischen. Die Avocado-Nuss-Creme in ein Dipschälchen füllen.

▼

Die Tramezzini-Brote diagonal halbieren bzw. in 12 Dreiecke schneiden und in einer Pfanne auf beiden Seiten hellbraun rösten oder toasten.

▼

Das Dipschälchen auf einen großen Teller stellen und die Tramezzini-Dreiecke kreisförmig um das Schälchen anrichten.

Mein Tipp

Anstelle von Cashewkernen passen in die Avocadocreme auch gehackte Macadamianüsse oder Walnusskerne.

Ziegenfrischkäse
mit roten Pfefferbeeren

Zutaten für 6 Personen

2 Scheiben Räucherspeck (ca. 50 g)
1 EL Olivenöl
4 blaue Feigen
250 g Ziegenfrischkäse (Rolle)
Meersalz oder Alexanders Kräutersalz
(siehe Seite 12)
1 TL rote Pfefferbeeren

Den Speck in feine Würfel schneiden und in einer Pfanne im heißen Olivenöl bei mittlerer Hitze langsam knusprig braten.

▼

Die Feigen waschen, halbieren und den Stielansatz entfernen. Die Feigen zum Speck in die Pfanne geben und 1 bis 2 Minuten auf beiden Seiten leicht anbraten.

▼

Die Feigen auf einen Teller geben und mit einer Gabel zerdrücken. Den gerösteten Speck dazugeben und untermischen.

▼

Die warme Feigenmasse auf 6 kleine Teller verteilen. Den Ziegenfrischkäse in 6 Scheiben schneiden, auf den zerdrückten Feigen anrichten und mit Meersalz oder Alexanders Kräutersalz sowie den zerstoßenen roten Pfefferbeeren und etwas geröstetem Speck bestreuen. Wer mag, serviert den Ziegenkäse mit gerösteten dünnen Weißbrotscheiben.

Fingerfood & Tapas

Gebratenes Nussbrot
mit Kartoffel-Preiselbeer-Dip

Zutaten für 6 Personen

350 g Nussbrot (frisch oder vom Vortag)
1 EL Butterschmalz
2–3 mehlig kochende Kartoffeln
Salz
200 ml Milch
2 EL Rapsöl
schwarzer Pfeffer aus der Mühle
1 EL Preiselbeeren
1 EL Crème fraîche
2 Scheiben Räucherspeck (ca. 50 g)
1/2 TL Koriandersamen

Das Nussbrot quer in fingerdicke Sticks schneiden. Die Brotstreifen nach und nach in einer Pfanne im heißen Butterschmalz bei mittlerer Hitze rundherum knusprig braten. Die Brotsticks herausnehmen und auf Küchenpapier gut abtropfen lassen.

Die Kartoffeln schälen, waschen und in leicht gesalzenem Wasser weich kochen. Die Milch in einem Topf erwärmen. Die Kartoffeln durch die Kartoffelpresse dazudrücken. Kartoffeln, Milch und Rapsöl zu einer glatten Creme verrühren. Falls nötig, noch mit Salz und 1 Prise Pfeffer abschmecken. Die Preiselbeeren und die Crème fraîche unterrühren. Den Dip in ein Schälchen füllen.

Den Speck in feine Würfel schneiden und mit den Koriandersamen in einer Pfanne bei mittlerer Hitze knusprig braten. Speck und Koriander über den Kartoffel-Preiselbeer-Dip streuen.

Das Nussbrot im Backofen bei etwa 100 °C (Umluft) erwärmen und auf einem großen Teller mit dem noch lauwarmen Kartoffel-Preiselbeer-Dip anrichten.

Mein Tipp

Der Kartoffel-Preiselbeer-Dip sollte eine cremige Konsistenz haben, die etwa zwischen Kartoffelsuppe und Kartoffelpüree liegt.

Fingerfood & Tapas

Gebackene Kalbfleisch-Kürbiskern-Pralinen
mit scharfem Rote-Bete-Salat

Zutaten für 6 Personen

½ rote Zwiebel
3 gekochte Rote Beten
1 TL Rotweinessig
2 EL Rapsöl
Salz
1 kleine rote Chilischote
1 kleiner Schuss Gemüsebrühe
2 EL Kürbiskerne
⅓ Bund Schnittlauch
300 g Kalbshackfleisch
1 TL Kürbiskernöl
Salz · schwarzer Pfeffer aus der Mühle
3 EL Semmelbrösel
300 g Butterschmalz

Den Backofen auf 120 °C (Umluft) vorheizen. Die Hackfleischpralinen portionsweise im heißen Butterschmalz rundherum braun braten. Herausheben und im vorgeheizten Ofen 5 bis 7 Minuten fertig garen.

Den Rote-Bete-Salat auf 6 kleinen Tellern anrichten und die Kalbfleischpralinen daraufsetzen.

Die Zwiebel in feine Würfel schneiden. Die Roten Beten in etwa 2 cm große Würfel schneiden. Zwiebel und Rote-Bete-Würfel mit Essig, Rapsöl und Salz in einer Schüssel vermischen. Die Chilischote halbieren, entkernen, waschen und in feine Streifen schneiden. Die Brühe in einem kleinen Topf erwärmen, die Chilistreifen hineingeben und aufkochen lassen. Die Roten Beten mit dem heißen Chilisud mischen und 15 bis 20 Minuten ziehen lassen.

Die Kürbiskerne in einer Pfanne ohne Fett rösten und grob hacken. In der Zwischenzeit den Schnittlauch waschen, trocken schütteln und in feine Ringe schneiden. Das Kalbshackfleisch mit Kürbiskernen, Kürbiskernöl, Salz, Pfeffer und den Schnittlauchröllchen vermischen. Aus dem Fleischteig 6 runde Pralinen formen und in den Semmelbröseln wälzen.

Mein Tipp

Probieren Sie die pikanten Pralinen mal mit Lammhackfleisch. Ebenso dekorativ wie Kürbiskerne sind Pistazien. Verwenden Sie dann aber kein Kürbiskernöl, sondern entweder Pistazien- oder Olivenöl.

Fingerfood & Tapas

Entenbrustspieße
mit Pfeffer-Aprikosen

Zutaten für 6 Personen

1 Schalotte
120 ml Gemüsebrühe
40 g Aprikosenkonfitüre
18 getrocknete Aprikosen
schwarzer Pfeffer aus der Mühle
18 dünne Scheiben geräucherte Entenbrust

Die Schalotte schälen und in feine Würfel schneiden. Die Brühe mit der Schalotte und der Konfitüre in einem Topf aufkochen lassen. Die Herdplatte abschalten, die getrockneten Aprikosen in den Sud geben und den Sud mit frisch gemahlenem Pfeffer abschmecken. Die getrockneten Aprikosen 5 bis 8 Minuten darin ziehen lassen.

Die Aprikosen aus dem Sud heben. Je 1 Aprikose mit 1 Scheibe Entenbrust umwickeln und auf kleine Holzspieße stecken. Die Spieße auf einem Teller anrichten.

Sternanis-Birnen
mit Schwarzwälder Schinken

Zutaten für 6 Personen

2 Schalotten
1 EL Butter
1 Schuss Weißwein (50 ml)
100 ml Gemüsebrühe
1 Lorbeerblatt
3 schwarze Pfefferkörner
1 Sternanis
3 Williams-Christ-Birnen
12 hauchdünne Scheiben Schwarzwälder Schinken

Die Schalotten schälen, längs halbieren und in der Butter andünsten. Mit dem Weißwein ablöschen, die Brühe angießen und das Lorbeerblatt, die Pfefferkörner sowie den Sternanis hinzufügen. Den Sud zugedeckt bei kleiner Hitze 2 bis 3 Minuten ziehen lassen.

In der Zwischenzeit die Birnen vierteln, schälen und die Kerngehäuse entfernen. Die Birnenviertel in den heißen Gewürzsud geben und etwa 1 Minute zugedeckt köcheln lassen. Den Topf beiseitestellen und die Birnen mindestens 6 Minuten ziehen lassen.

Die Birnenviertel auf einem Teller abtropfen lassen. Die Schinkenscheiben nebeneinanderlegen und in jede Scheibe 1 Birnenviertel wickeln, nach Belieben ein Spießchen hineinstecken. Die eingewickelten Birnen auf einem Teller anrichten.

Fingerfood & Tapas

Serrano-Croûtons
mit Gazpacho

Zutaten für 6 Personen

4 Scheiben Toastbrot
1 TL Olivenpaste
12 hauchdünne Scheiben Serranoschinken
1 TL weiche Butter
1/3 Salatgurke · 1 rote Paprikaschote
2 Strauchtomaten · 2 Basilikumstiele
Cayennepfeffer
1 Schuss Gemüsebrühe (50 ml)
2 EL Olivenöl · Meersalz

Den Backofen auf 190 °C (Umluft) vorheizen. 2 Scheiben Toastbrot mit etwas Olivenpaste bestreichen und mit je 1 Scheibe Toastbrot bedecken. Die Rinden rundherum abschneiden und die Sandwiches in je 3 gleich große Riegel schneiden. Jeden Brotriegel mit 2 Schinkenscheiben so umwickeln, dass an den Enden noch Brot übersteht. Schinken und Brot mit Butter bestreichen, auf das Ofengitter legen und im vorgeheizten Ofen 8 bis 10 Minuten knusprig rösten.

▼

Die Gurke schälen, längs halbieren, entkernen und in grobe Stücke schneiden. Die Paprikaschote halbieren, entkernen, waschen und in grobe Stücke schneiden. Die Tomaten waschen, vierteln und dabei die Stielansätze entfernen. Das Basilikum waschen, trocken schütteln, die Blätter abzupfen und fein hacken.

▼

Gurke, Paprika und Tomaten mit 1 Prise Cayennepfeffer, Brühe, Olivenöl und Meersalz im Küchenmixer fein pürieren. Die Masse durch ein Sieb streichen. Mit Meersalz abschmecken, das Basilikum unterrühren und den Gazpacho in 6 kleine Gläser verteilen. Die Serrano-Croûtons auf die Glasränder setzen.

Lammfiletwürfel
mit Selleriesüppchen

Zutaten für 6 Personen

1/4 kleine Sellerieknolle
120 ml Gemüsebrühe
100 g Sahne
Salz · schwarzer Pfeffer aus der Mühle
2 EL Olivenöl
3 Lammfilets (250 g)
1 TL Butter
1/2 TL Zimtpulver

Den Sellerie schälen und in Würfel schneiden. Mit der Brühe und der Sahne in einen Topf geben und bei kleiner Hitze 8 bis 10 Minuten zugedeckt weich kochen.

▼

Die Selleriewürfel in der Garflüssigkeit mit dem Pürierstab fein pürieren. Die Suppe durch ein Sieb streichen, mit Salz und Pfeffer würzen und 1 EL Olivenöl mit dem Pürierstab unterschlagen.

▼

Das Lammfilet in 1 bis 2 cm große Würfel schneiden, mit Salz und Pfeffer würzen und in einer Pfanne im restlichen Olivenöl bei mittlerer Hitze rasch anbraten. Die Pfanne vom Herd nehmen, die Butter mit dem Zimtpulver hinzufügen und aufschäumen lassen.

▼

Das Selleriesüppchen auf 6 kleine Schälchen oder Espressotassen verteilen und die gebratenen Lammfiletwürfel hineingeben.

Fingerfood & Tapas

Feldsalat-Cappuccino
mit gerösteter Blutwurst

Zutaten für 6 Personen

1 Schale Feldsalat (150 g)
400 g Sahne
Zimtpulver
Salz
1 Schalotte
1 TL Butter
1 Schuss Weißwein (50 ml)
200 ml Gemüsebrühe
1 TL Walnussöl
6 Walnusskerne
3 dickere Scheiben Blutwurst (à 20 g)
Mehl zum Bestäuben
1 TL Butterschmalz

Den Feldsalat putzen, waschen und auf einem Sieb abtropfen lassen. 100 g Sahne mit 1 Prise Zimtpulver und 1 Prise Salz cremig schlagen.

Die Schalotte schälen, in feine Würfel schneiden und in der Butter bei mittlerer Hitze glasig dünsten. Mit Wein ablöschen, die Brühe und die restliche Sahne hinzufügen, einmal aufkochen lassen und mit Salz abschmecken.

Den Feldsalat mit dem Walnussöl in die heiße Suppe geben und mit dem Pürierstab oder im Küchenmixer fein pürieren.

Die Walnusskerne grob hacken. Die Blutwurstscheiben halbieren und auf beiden Seiten mit Mehl bestäuben. In einer beschichteten Pfanne im Butterschmalz auf beiden Seiten kurz anbraten.

▼

Die Blutwurstscheiben mit den Walnusskernen in 6 kleine Gläser verteilen. Mit der heißen Suppe aufgießen und die Zimtsahne darauf verteilen. Wer mag, kann noch etwas Zimtpulver auf die Sahne streuen.

Mein Tipp

Anstelle von Feldsalat-Cappuccino können Sie auch mal Rucola-Cappuccino ausprobieren. Und statt Walnusskernen und Walnussöl passen auch Kürbiskerne und Kürbiskernöl.

Fingerfood & Tapas

Chorizo-Oliven-Spieße
mit Gurken und Olivenöl-Dip

Zutaten für 6 Personen

1 Salatgurke
Meersalz
18 schwarze Oliven (ohne Stein)
18 hauchdünne Scheiben Chorizo (span. Paprikawurst)
200 ml Milch
2 EL Mandelblättchen
schwarzer Pfeffer aus der Mühle
2 Scheiben Toastbrot
3 EL Olivenöl

Die Gurke schälen, längs halbieren und mit einem Löffel die Kerne entfernen. Die Gurkenhälften mit Meersalz würzen und auf einem Teller beiseitestellen.

Je 1 Olive mit 1 Scheibe Chorizo umwickeln und ein Holzspießchen durchstecken. Die Milch mit den Mandelblättchen, etwas Meersalz sowie Pfeffer aufkochen und von der Herdplatte nehmen.

Das Toastbrot entrinden, in kleine Würfel schneiden und in die heiße Milch geben. Das Olivenöl hinzufügen und das Brot mit dem Pürierstab mixen, bis eine sämige, leicht glänzende Sauce entsteht.

Die Gurkenhälften auf eine ovale Platte legen und die Chorizo-Oliven-Spieße in gleichem Abstand hineinstecken. Die Gurke zwischen den Spießen durchschneiden. Die Spieße zusammen mit dem noch leicht lauwarmen Olivenöl-Dip servieren.

Shrimps-Wan-Tans
mit Limette und Sauerrahm

Zutaten für 6 Personen

1 unbehandelte Limette
1 Bund Kerbel
80 g Sauerrahm
Salz · schwarzer Pfeffer aus der Mühle
200 g Shrimps
350 ml Öl zum Frittieren
18 Wan-Tan-Teigblätter (7 x 7 cm)

Die Limette heiß waschen, abtrocknen, die Schale abreiben und den Saft auspressen. Den Kerbel waschen, trocken schütteln, die Blättchen abzupfen und fein hacken. Den Sauerrahm mit Limettensaft, -schale und Kerbel verrühren. Mit Salz und Pfeffer würzen.

Die Shrimps waschen, trocken tupfen und unter den Sauerrahm mischen.

Das Öl in einem Topf erhitzen, bis an einem hineingehaltenen Holzstiel Bläschen aufsteigen. Einen Flaschenkorken mit Alufolie umwickeln und einen langen Holzspieß hineinstecken. Den Korken mit einem Wan-Tan-Teigblatt umhüllen. Den Teig mithilfe des Spießes in das heiße Öl tauchen und knusprig backen. Das Teigkörbchen vom Korken lösen und auf Küchenpapier gut abtropfen lassen. Die restlichen Teigstücke auf die gleiche Weise backen.

Die Wan-Tan-Körbchen mit den Garnelen und dem Sauerrahm füllen. Auf einer Platte anrichten und mit Kerbelblättchen garnieren.

Forellentatar
mit frittierten Schalotten

Zutaten für 6 Personen

300 g sehr frisches Forellenfilet (ohne Haut und Gräten)
½ unbehandelte Zitrone
⅓ Kästchen Brunnen- oder Gartenkresse
2 EL Sauerrahm
½ TL Senf
Salz · schwarzer Pfeffer aus der Mühle
300 g Butterschmalz
4 größere Schalotten
Speisestärke zum Bestäuben

Das Forellenfilet mit einem scharfen Messer in sehr feine Würfel schneiden (nicht hacken!). Die Zitrone waschen, abtrocknen, die Schale abreiben und den Saft auspressen. Die Kresse vom Beet schneiden und die Hälfte davon grob hacken. Den Sauerrahm mit Senf, Zitronensaft und -schale verrühren. Mit Salz und Pfeffer würzen und die Forellenwürfel mit der gehackten Kresse untermischen. Das Forellentatar im Kühlschrank marinieren, dabei immer wieder mit etwas Salz abschmecken.

▼

Das Butterschmalz in einem Topf erhitzen. Die Schalotten schälen, in feine Scheiben schneiden und in die einzelnen Ringe zerteilen. Die Ringe mit etwas Speisestärke bestäuben und gut vermischen. Die Schalottenringe portionsweise im heißen Butterschmalz kross frittieren, mit dem Schaumlöffel herausheben, salzen und auf Küchenpapier abtropfen lassen.

Das Forellentatar auf 6 kleine Schälchen verteilen und mit der restlichen Kresse bestreuen. Die warmen frittierten Schalotten darübergeben.

Mein Tipp

Die Schalottenringe bräunen durch die Speisestärke nicht so stark, das heißt, auch wenn die Schalotten noch sehr hellbraun sind, können sie schon knusprig sein – einfach mal einen Schalottenring herausnehmen und probieren.

Lachsforellentatar
mit Sternanis auf Kartoffelchips

Zutaten für 6 Personen

2 Schalotten
100 g Butterschmalz
1 Schuss Weißwein (50 ml)
Saft von ½ Orange
1 Sternanis
3 Estragonstiele
200 g frisches Lachsforellenfilet
(ohne Haut und Gräten)
2 EL Crème fraîche
Salz · schwarzer Pfeffer aus der Mühle
2 große festkochende Kartoffeln

Die Schalotten schälen, in feine Würfel schneiden und in einer Pfanne in 1 TL Butterschmalz andünsten. Mit dem Weißwein ablöschen und den Orangensaft dazugeben. Den Sternanis hinzufügen und die Schalotten bei kleiner Hitze etwa 2 Minuten köcheln lassen, bis die Flüssigkeit fast eingekocht ist. Die Schalotten auf einen Teller geben und abkühlen lassen.

▼

Den Estragon waschen, trocken schütteln, die Blätter abzupfen und grob hacken. Das Lachsforellenfilet mit einem scharfen Messer in sehr feine Würfel schneiden (nicht hacken!). Die ausgekühlten Schalotten mit Estragon, Lachsforellenfilet und Crème fraîche verrühren. Mit Salz und Pfeffer würzen. Das Lachsforellentatar kühl stellen.

▼

Die Kartoffeln schälen und mit einem scharfen Messer oder der Aufschnittmaschine in sehr dünne Scheiben schneiden. In einer beschichteten Pfanne bei mittlerer Hitze reichlich Butterschmalz erhitzen. Nur so viele Kartoffelscheiben hineingeben, dass sie nebeneinanderliegen können, und unter ein- bis zweimaligem Wenden zu knusprigen Chips braten. Die Chips herausnehmen und auf Küchenpapier gut abtropfen lassen. Mit 1 Prise Salz und reichlich Pfeffer würzen. Die restlichen Kartoffeln ebenfalls portionsweise kross braten, falls nötig, noch Butterschmalz dazugeben.

▼

Mithilfe von 2 Teelöffeln kleine Nocken vom Lachsforellentatar abstechen und jeweils auf einen Kartoffelchip setzen. Die Kartoffelchips auf einer großen Platte anrichten.

Mein Tipp

Die Kartoffelscheiben sollten in so viel Butterschmalz gebraten werden, dass sie fast schwimmen, also gerade noch Kontakt zum Pfannenboden haben. Das Fett darf nicht zu heiß sein, sonst werden die Chips dunkel, bevor sie in der Mitte kross sind.

Jakobsmuscheln
mit Grünem-Apfel-Sauerampfer-Salat

Zutaten für 6 Personen

1 Knoblauchzehe
1–2 EL Olivenöl
9 Jakobsmuscheln (ausgelöst)
Meersalz
1 grüner Apfel (z. B. Granny Smith)
5–6 Sauerampferstiele

Den Backofen auf 90 °C (Umluft) vorheizen. Den Knoblauch längs halbieren und mit den Schnittflächen einen Teller einreiben. Etwas Olivenöl darautträufeln. Die Jakobsmuscheln waschen, trocken tupfen und quer halbieren. Die Muschelhälften mit einem kleinen Bunsenbrenner auf einer Seite braun rösten. Die Muschelhälften mit der gerösteten Seite nach oben auf den Teller legen, mit Meersalz würzen und 4 bis 5 Minuten im vorgeheizten Ofen garen.

▼

Den Apfel waschen, vierteln, das Kerngehäuse entfernen und das Fruchtfleisch in feine Würfel schneiden. Den Sauerampfer waschen, trocken schütteln, die Blätter abzupfen und in Streifen schneiden. Die Apfelwürfel und die Sauerampferstreifen mit einigen Tropfen Olivenöl vermischen.

▼

Den Apfel-Sauerampfer-Salat auf 18 Esslöffel oder Partylöffel verteilen und darauf jeweils 1 Jakobsmuschelhälfte legen.

Rotbarbenfilets
auf Limetten-Spinat-Salat

Zutaten für 6 Personen

3 EL Olivenöl
1 Estragonstiel
6 kleine Rotbarbenfilets (à 80 g; mit Haut)
Meersalz
1 Limette
1 TL Kapern
schwarzer Pfeffer aus der Mühle
60–80 g junger Blattspinat

Den Backofen auf 100 °C (Umluft) vorheizen. Eine ofenfeste Form mit ½ EL Olivenöl auspinseln. Den Estragon waschen, trocken schütteln, die Blätter abzupfen und in der Form verteilen. Die Rotbarbenfilets mit der Hautseite nach oben auf den Estragon legen, mit ½ EL Olivenöl beträufeln und mit Meersalz würzen. Die Form mit ofenfester Frischhaltefolie abdecken und die Filets im vorgeheizten Ofen etwa 7 bis 10 Minuten glasig garen.

▼

Währenddessen die Limette heiß waschen, abtrocknen, die Schale abreiben und den Saft auspressen. Die Kapern hacken und mit Limettenschale, Limettensaft, Meersalz, Pfeffer und dem restlichen Olivenöl zu einer Vinaigrette verrühren.

▼

Den Blattspinat waschen, trocken schleudern und in feine Streifen schneiden. Die Vinaigrette mit den Spinatstreifen mischen, auf 6 kleine Teller verteilen und die lauwarmen Rotbarbenfilets daraufsetzen.

Fingerfood & Tapas

Seeteufelmedaillons
mit kross gebratenem Rosmarin

Zutaten für 6 Personen

3 Strauchtomaten
Meersalz
schwarzer Pfeffer aus der Mühle
2 EL Olivenöl
6 dicke Seeteufelmedaillons (à 50 g; ohne Haut)
Mehl zum Bestäuben
2 Rosmarinzweige
1 TL Butter
1 EL alter Aceto Balsamico oder
Alexanders Balsamicosirup (siehe Seite 11)

Den Backofen auf 180 °C (Umluft) vorheizen. Die Tomaten waschen und in dicke Scheiben à etwa 1,5 cm schneiden, dabei die Stielansätze entfernen. Die Tomatenscheiben in eine ofenfeste Form legen. Mit Meersalz und Pfeffer würzen und ein paar Tropfen Olivenöl darüberträufeln. Die Tomatenscheiben im vorgeheizten Ofen mit zugeschaltetem Grill etwa 5 Minuten schmoren.

▼

Die Seeteufelmedaillons auf beiden Seiten mit Meersalz und Pfeffer würzen, anschließend mit Mehl bestäuben. In einer beschichteten Pfanne in 1 EL Olivenöl auf beiden Seiten goldbraun braten. Die Temperatur herunterschalten und die Medaillons weitere 2 bis 3 Minuten braten.

Den Rosmarin waschen, trocken schütteln, die Nadeln abzupfen und mit dem restlichen Olivenöl zu den Seeteufelmedaillons geben. Die Nadeln kurz rösten, die Butter hinzufügen und kräftig aufschäumen lassen. Die Medaillons dabei in der Rosmarinbutter wenden. Die Seeteufelmedaillons mit Tomatenscheiben jeweils in kleine Schälchen verteilen und mit altem Aceto Balsamico oder Alexanders Balsamicosirup beträufeln.

Mein Tipp

Statt Rosmarinnadeln können Sie natürlich auch abgezupfte Salbei- oder Thymianblätter verwenden. Denn auch diese werden beim Braten schön kross.

Fingerfood & Tapas

Zanderspieße
im Wirsing-Silvaner-Sud

Zutaten für 6 Personen

220 g Zanderfilet (dickes Stück; ohne Haut und Gräten)
Salz · schwarzer Pfeffer aus der Mühle
1 TL Sesamsamen
¼ junger Wirsing
2 kleine Zwiebeln
1 EL Speckwürfel
1 TL Butterschmalz
200 ml Silvaner (Weißwein)
400 ml Gemüsebrühe
½ Bund Kerbel

Das Zanderfilet in 18 gleich große Würfel schneiden. Mit Salz und Pfeffer würzen, mit Sesam bestreuen und jeden Zanderwürfel auf ein Holzspießchen stecken.

Den Wirsing putzen, waschen und in feine Würfel schneiden. Die Zwiebeln schälen und ebenfalls in feine Würfel schneiden. Die Zwiebeln mit den Speckwürfeln in einer Pfanne im heißen Butterschmalz glasig dünsten. Den Wirsing hinzufügen, mit Salz würzen und ebenfalls kurz anbraten. Mit Silvaner ablöschen, die Brühe dazugießen und alles zugedeckt bei kleiner Hitze 4 bis 5 Minuten köcheln lassen.

Währenddessen den Kerbel waschen, trocken schütteln, die Blätter abzupfen und die Hälfte davon fein hacken. Den Kerbel zum Wirsing-Silvaner-Sud geben und mit Salz abschmecken.

Die Zanderspieße auf einer Platte anrichten. Den Wirsing-Silvaner-Sud in einen kleinen Topf füllen und aufkochen lassen. Den restlichen Kerbel über den heißen Sud streuen. Die Zanderspieße mit dem Sud servieren und bei Tisch die Spießchen so lange in den Sud tauchen, bis das Filet gar ist (je nach Temperatur des Suds 1 bis 3 Minuten).

Mein Tipp

Wenn alle Zanderspieße gegart sind, können Sie den Wirsing-Silvaner-Sud in Espressotassen füllen und mit kleinen Löffeln als Suppe genießen. Der Sud hat jetzt zusätzlich ein feines Zanderaroma angenommen.

Fingerfood & Tapas

Entenbrustscheiben
mit Chicorée-Mandarinen-Salat

Zutaten für 6 Personen

2 große Chicorée
4 große Mandarinen
1 TL brauner Zucker
1 Schuss Weißwein (50 ml)
1 Schuss Brühe (50 ml)
1 Schuss Weißweinessig
1 EL Speisequark
2 Entenbrustfilets (à 180 g; küchenfertig; mit Haut)
Salz · schwarzer Pfeffer aus der Mühle
1 EL Olivenöl
15 Schnittlauchhalme
1 TL Meersalz oder Alexanders Kräutersalz
(siehe Seite 12)

Den Chicorée putzen und waschen. 18 Blätter ablösen und unten auf die gleiche Länge kürzen, die Chicoréeherzen beiseitelegen. Die Mandarinen mit einem scharfen Messer so schälen, dass auch die weiße Haut mit entfernt wird. Die Filets herausschneiden und aus dem Rest der Mandarinen den Saft ausdrücken.

▼

Den Zucker in einem kleinen Topf bei mittlerer Hitze leicht karamellisieren lassen. Mit Weißwein, Mandarinensaft sowie Brühe ablöschen und einkochen lassen. Den Essig mit dem Quark unterrühren und die Marinade beiseitestellen.

▼

Den Backofen auf 110 °C (Umluft) vorheizen. Die Entenbrustfilets waschen, trocken tupfen, die Hautseite mit einem scharfen Messer rautenförmig einschneiden. Auf beiden Seiten mit Salz und Pfeffer würzen. In einer Pfanne im heißen Olivenöl bei mittlerer Hitze auf der Fleischseite etwa 1 Minute anbraten.

Auf die Hautseite wenden und ebenfalls etwa 1 Minute anbraten, bis die Haut gut gebräunt ist. Jedes Filet mit der Hautseite nach oben auf einen Teller legen und im vorgeheizten Ofen 7 bis 10 Minuten rosa garen. Die Pfanne mit dem Öl beiseitestellen.

▼

Die Chicoréeherzen in feine Streifen schneiden. Die Schnittlauchhalme waschen, trocken schütteln und in feine Röllchen schneiden. Chicoréestreifen, Schnittlauch sowie Mandarinenfilets mit der Marinade verrühren, mit Salz und Pfeffer würzen und den Salat auf die 18 Chicoréeblätter verteilen. Die Chicoréeblätter auf einer großen Platte anrichten.

▼

Die Entenbrüste aus dem Ofen nehmen und in der Pfanne im heißen Olivenöl bei mittlerer Hitze auf beiden Seiten jeweils etwa 30 Sekunden braten, bis die Haut knusprig ist. Die Filets 1 bis 2 Minuten ruhen lassen, in 18 Scheiben schneiden und die Scheiben quer halbieren. Mit Meersalz oder Alexanders Kräutersalz würzen und die Entenbrustscheiben auf die gefüllten Chicoréeblätter verteilen.

Mein Tipp

Durch das Garen der Entenbrust bei wenig Hitze im Ofen wird das Fleisch schön rosafarben und saftig. Und durch das anschließende erneute Anbraten wird die Haut superknusprig.

Fingerfood & Tapas

Kaninchenfilets
im Pilz-Mandel-Knoblauch-Sud

Zutaten für 6 Personen

1 Schalotte
1 Knoblauchzehe
½ rote Paprikaschote
8 Austernpilze
12 Mandeln (geschält)
2 Kaninchenfilets
Salz · schwarzer Pfeffer aus der Mühle
1 EL Olivenöl
250 ml Gemüsebrühe
1 Lorbeerblatt

Den Backofen auf 160 °C (Umluft) vorheizen. Die Schalotte schälen und in feine Würfel schneiden. Die Knoblauchzehe schälen und in feine Scheiben schneiden. Die Paprikaschote entkernen, waschen, mit dem Sparschäler schälen und in feine Würfel schneiden. Von den Austernpilzen die Stiele entfernen, die Hüte in feine Streifen schneiden.

Die Mandeln auf Alufolie legen und im vorgeheizten Ofen 6 bis 8 Minuten rösten. Die Kaninchenfilets in jeweils 6 gleich große Stücke schneiden und mit Salz und Pfeffer würzen. Die Fleischwürfel in einer Pfanne im heißen Olivenöl bei mittlerer Hitze anbraten. Herausnehmen und auf einen Teller geben. Schalotte, Austernpilze sowie Paprikawürfel in die Pfanne geben und andünsten. Mit der Brühe ablöschen und Knoblauch sowie Lorbeerblatt hinzugeben. Den Sud mit Salz und Pfeffer würzen, aufkochen und 3 Minuten ziehen lassen. Den Sud erneut aufkochen und von der Herdplatte nehmen.

Die gerösteten heißen Mandeln und die Fleischwürfel hinzufügen und untermischen. Die Pfanne beiseitestellen und das Fleisch 4 bis 5 Minuten gar ziehen lassen, dabei ein- oder zweimal wenden.

Das Kaninchenfleisch mit dem Sud erneut erwärmen, aber nicht mehr kochen lassen. Das Lorbeerblatt entfernen und je 2 Fleischstücke mit etwas Pilz-Mandel-Knoblauch-Sud in Schälchen verteilen.

Mein Tipp

Anstelle von Kaninchen schmeckt das Gericht auch gut mit weißem Geflügel, z. B. Hähnchen, Perlhuhn oder auch einmal Wachtelbrust.

Fingerfood & Tapas

Rehmedaillons in Nussöl
mit Feigen-Schalotten-Chutney

Zutaten für 6 Personen

6 Rehrückenmedaillons (à 60 g; küchenfertig)
Salz
½ EL Butterschmalz
½ TL Szechuanpfeffer
1 EL Walnussöl
2 Schalotten
1 TL Butter
1 Schuss Rotwein (50 ml)
60–80 ml Gemüsebrühe
3 Thymianzweige
6 Feigen

Den Backofen auf 120 °C (Umluft) vorheizen. Die Rehrückenmedaillons auf beiden Seiten mit Salz würzen. In einer beschichteten Pfanne im heißen Butterschmalz bei mittlerer Hitze rundherum leicht braun anbraten. Die Medaillons mit Szechuanpfeffer bestreuen und in eine ofenfeste Form legen. Das Walnussöl darüberträufeln und die Form mit Alufolie verschließen. Die Medaillons im vorgeheizten Ofen 8 bis 12 Minuten rosa garen.

▼

In der Zwischenzeit die Schalotten schälen, in feine Würfel schneiden und in einem kleinen Topf in der heißen Butter andünsten. Mit Rotwein ablöschen und so viel Brühe dazugießen, dass die Schalotten gerade bedeckt sind. Die Thymianzweige waschen, trocken schütteln und zu den Schalotten geben. So lange kochen lassen, bis die Flüssigkeit fast eingekocht ist.

Die Feigen putzen, schälen und in kleine Würfel schneiden. Das Fruchtfleisch zu den Schalotten geben, untermischen und mit etwas Salz würzen. Feigen und Schalotten bei mittlerer Hitze zu einem Chutney einköcheln lassen. Die Thymianzweige entfernen und das Chutney auf 6 kleine Teller verteilen. Die Medaillons halbieren und auf dem Chutney anrichten.

Mein Tipp

Frische Feigen passen einfach herrlich zu Wildgerichten. Wer keine Feigen mag, kann stattdessen aber auch Birne oder Ananas verwenden.

Mediterranes Feeling

Prosecco
mit Zitroneneis

Zutaten für 2 Personen
1 TL Zucker
1 unbehandelte Zitrone
2–3 Stiele Zitronenmelisse
300 ml Prosecco

Den Zucker mit 200 ml Wasser aufkochen und beiseitestellen. Die Zitrone heiß waschen und abtrocknen. Ein Drittel Zitronenschale abreiben und zum Zuckerwasser geben. Die Zitrone auspressen und den Saft ebenfalls hinzufügen. Falls nötig, noch etwas Zucker dazugeben.

Die Zitronenmelisse waschen und trocken schütteln, die Blätter abzupfen. 2 Eiswürfelschalen bereitstellen und jeweils 1 Blatt Zitronenmelisse in ein Fach der Eiswürfelschalen legen, dann das Zitronenwasser in die Schalen füllen. Das Zitronenwasser im Tiefkühlfach mehrere Stunden gefrieren lassen.

Zum Servieren beliebig viele Zitroneneiswürfel in Gläser geben und mit Prosecco auffüllen.

Mein Tipp
Prosecco mit Zitroneneis ist der ideale Aperitif für ein Sommerfest, weil er erfrischend und prickelnd ist.

Sangria Crushed Ice
mit Melone und Orangen

Zutaten für 2 Personen
2 Orangen
100 g Wassermelone
1 Schuss Wodka
1–2 EL Zucker
½ Päckchen Bourbon-Vanillezucker
100 ml Rotwein

Die Orangen mit einem scharfen Messer so schälen, dass die weiße Haut mit entfernt wird. Die Filets herausschneiden und das Fruchtfleisch grob zerkleinern. Die Wassermelone schälen, das Fruchtfleisch ebenfalls klein schneiden. Beides in einen Küchenmixer geben, Wodka, Zucker, Vanillezucker sowie Rotwein dazugeben und fein mixen.

Durch ein Sieb gießen und den Saft, falls nötig, noch mit ein wenig Zucker abschmecken. Eine ofenfeste Form mit Frischhaltefolie auslegen, die Flüssigkeit hineingeben und mehrere Stunden im Tiefkühlfach gefrieren lassen.

Die gefrorene Masse kurz vor dem Servieren in einen Gefrierbeutel geben und mit dem Boden eines kleinen Topfes, einem Nudelholz oder mit einem Hammer zu ganz kleinem Crushed Ice klopfen. In vorgekühlten Gläsern servieren.

Mediterranes Feeling

Bruschetta
mit Auberginen und Pecorino

Zutaten für 4 Personen

5 Thymianzweige
10–12 dicke Scheiben Ciabatta
5–6 EL Olivenöl
1 Knoblauchzehe (ungeschält)
1 mittelgroße Aubergine
2 Tomaten
2 Stiele glatte Petersilie
Salz · schwarzer Pfeffer aus der Mühle
2 EL cremiger Ziegenfrischkäse
3 EL frisch geriebener Pecorino

Den Thymian waschen und trocken schütteln. Die Ciabatta-Scheiben in einer größeren Pfanne in 2 bis 3 EL Olivenöl mit der angedrückten Knoblauchzehe und dem Thymian auf beiden Seiten knusprig braun braten. Auf Küchenpapier abtropfen lassen.

▼

Die Aubergine putzen, schälen und in möglichst gleichmäßige Würfel schneiden. Die Tomaten waschen, vierteln, Kerngehäuse sowie Stielansätze herausschneiden und das Fruchtfleisch in feine Würfel schneiden. Die Petersilie waschen, trocken schütteln, die Blätter abzupfen und grob hacken.

▼

Die Auberginenwürfel in einer großen Pfanne in 3 bis 4 EL Olivenöl bei mittlerer Hitze langsam braten. Mit Salz würzen und ab und zu schwenken. Wenn die Auberginenwürfel gar sind, die Tomatenwürfel und die Petersilie dazugeben. Einmal durchschwenken, erneut mit Salz und Pfeffer würzen und auf die gerösteten Ciabatta-Scheiben verteilen.

Den Ziegenfrischkäse gleichmäßig auf die Bruschettascheiben verteilen. Mit dem Pecorino großzügig bestreuen. Unter dem Backofengrill kurz gratinieren oder sofort servieren.

Mein Tipp

Man kann die Bruschettascheiben auch auf ein Ofengitter legen, mit Thymian bestreuen und mit Olivenöl beträufeln. Im vorgeheizten Backofen bei 160 °C etwa 5 bis 8 Minuten knusprig braun rösten. Diese Variante spart Fett und Zeit, verliert jedoch ein wenig an Aroma.

Mediterranes Feeling

Geröstetes Tomatenbrot
»Mallorca-Style«

Zutaten für 2 Personen

3 Stiele glatte Petersilie
2 große Scheiben Bauernbrot
3 EL Olivenöl
1 Knoblauchzehe (ungeschält)
1 reife Tomate
1 Rolle Ziegenfrischkäse (75 g)
Meersalz · schwarzer Pfeffer aus der Mühle
1 unbehandelte Zitrone

Die Petersilie waschen, trocken schütteln, die Blätter abzupfen und in Eiswasser legen. Das Bauernbrot auf beiden Seiten mit 2 EL Olivenöl und der angedrückten Knoblauchzehe in einer Pfanne langsam kross rösten. Auf Küchenpapier kurz abtropfen lassen.

Die Tomate waschen, halbieren und mit den Schnittflächen über die warmen Brotscheiben reiben, dabei die Tomate etwas zusammendrücken, sodass sich das Fruchtfleisch gleichmäßig auf dem Brot verteilt und der Saft das Brot durchtränkt. Den Ziegenkäse in 6 bis 8 dünne Scheiben schneiden und auf die gerösteten Bauernbrote verteilen.

Mit 1 Prise Meersalz und etwas schwarzem Pfeffer würzen. Die Petersilie abtropfen lassen oder trocken schütteln. Die Zitrone heiß waschen, abtrocknen und die Schale abreiben. Die Petersilie mit Zitronenschale, Meersalz, schwarzem Pfeffer und 1 EL Olivenöl marinieren. Dekorativ auf dem Ziegenfrischkäse verteilen.

Feigen
in Serranoschinken gebraten

Zutaten für 2 Personen

6 blaue Feigen
12 hauchdünne, große Scheiben Serranoschinken
1 unbehandelte Orange
1 EL Olivenöl
1 TL Butter
schwarzer Pfeffer aus der Mühle

Die Feigen der Länge nach halbieren und die Hälften einzeln in den Serranoschinken wickeln. Die Orange heiß waschen, abtrocknen und mit einem scharfen Messer etwas Orangenschale dünn herunterschneiden. Die Orange mit dem Messer so schälen, dass die weiße Haut mit entfernt wird. Die Orangenfilets herausschneiden.

Die Feigen im Schinken mit der Schnittseite nach unten in einer großen Pfanne im Olivenöl langsam braten, dabei zwei- bis dreimal wenden, sodass der Schinken von allen Seiten gebraten wird. Aus der Pfanne nehmen. Die Butter mit der Orangenschale und den Orangenfilets in eine Pfanne geben, großzügig mit Pfeffer bestreuen und aufschäumen lassen.

Die Feigen dazugeben, einmal durchschwenken, auf Küchenpapier abtropfen lassen und die Feigen mit den Orangen sofort servieren.

Mediterranes Feeling

Rindercarpaccio
mit Büffelmozzarella und Oliven

Zutaten für 2 Personen

4 Thymianzweige
6 Cocktailtomaten
3 EL Olivenöl
1/2 Knoblauchzehe
200 g Rinderfilet
Saft von 1/2 Zitrone
Meersalz · schwarzer Pfeffer aus der Mühle
6 schwarze Oliven (ohne Stein)
1 EL geröstete Pinienkerne
80 g Büffelmozzarella

Den Backofen auf 160 °C (Umluft) vorheizen. Den Thymian waschen und trocken schütteln. Die Cocktailtomaten waschen, mit dem Thymian und 1 EL Olivenöl vermischen, auf einen ofenfesten Teller geben und im vorgeheizten Ofen 12 Minuten schmoren.

Zwei Teller mit der Knoblauchzehe einreiben. Das Rinderfilet mit einem scharfen langen Messer in sehr dünne Scheiben schneiden. Die Teller damit auslegen. Mit Zitronensaft beträufeln, mit Meersalz sowie schwarzem Pfeffer bestreuen und 2 EL Olivenöl gleichmäßig darauf verteilen.

Die Oliven halbieren und mit den Pinienkernen auf dem Rinderfilet verteilen. Den Büffelmozzarella in kleine Stücke zupfen, auf dem Rindercarpaccio verteilen und mit etwas Meersalz würzen. Mit den geschmorten Cocktailtomaten servieren.

Pata Negra
mit gebratenem Spargel und Pistazien

Zutaten für 2 Personen

1 Bund grüner Spargel
6 schwarze Oliven
1 Rosmarinzweig
1 EL Olivenöl
Salz
2 EL ungeröstete Pistazien
200 g hauchdünn geschnittener Pata Negra
(luftgetrockneter spanischer Schinken)
1–2 EL Alexanders Würzöl (siehe Seite 10)

Den Spargel nur im unteren Drittel schälen und die Enden abschneiden. Den Spargel waschen, abtropfen lassen und in fingerdicke schräge Scheiben schneiden. Die Spargelspitzen etwa daumengroß lassen. Die Oliven halbieren und entsteinen. Rosmarin waschen, trocken schütteln und die Nadeln abzupfen.

Den Spargel und den Rosmarin mit dem Öl in eine beschichtete Pfanne geben, mit Salz würzen und bei mittlerer Hitze langsam braten. Die Pistazien hinzufügen und kurz mitrösten. Die Oliven dazugeben und einmal durchschwenken, sodass sie lauwarm sind.

Den gebratenen Spargel auf einer Platte verteilen, mit dem hauchdünn geschnittenen Pata Negra leicht wellig dekorativ belegen und zum Schluss mit Alexanders Würzöl beträufeln.

Grüner Spargel mit Oliven
in der Folie geschmort

Zutaten für 2 Personen

2 Bund grüner Spargel
6 getrocknete Tomaten
14 schwarze Oliven
1–2 Rosmarinzweige
2 EL Olivenöl
Meersalz oder Alexanders Kräutersalz (siehe Seite 12)
2 TL Butter
½ Bund Rucola
100 g Butterschmalz (zum Frittieren)
Salz

Den Spargel nur im unteren Drittel schälen und die Enden abschneiden. Den Spargel waschen und abtropfen lassen. Die getrockneten Tomaten in Streifen schneiden. Die Oliven halbieren und entsteinen. Die Rosmarinzweige waschen, trocken schütteln und die Nadeln abzupfen.

▼

Den Backofen auf 180 °C (Umluft) vorheizen. Zwei DIN-A4-große Bögen Alufolie zurechtschneiden. Die Rosmarinnadeln darauf verteilen. Jeweils 1 Bund Spargel darauflegen. Oliven und getrocknete Tomaten darübergeben und mit Olivenöl beträufeln. Mit Meersalz oder Alexanders Kräutersalz würzen und die Butter darauf verteilen.

▼

Die Alufolie so zusammenfalten, dass sie aromadicht verschlossen ist. Die Päckchen im vorgeheizten Ofen 16 bis 18 Minuten schmoren.

Währenddessen den Rucola verlesen, dabei die harten Stiele großzügig abschneiden. Rucola waschen und gründlich trocken schütteln.

▼

Das Butterschmalz erhitzen und nach und nach die Rucolablätter darin frittieren. Auf Küchenpapier gut abtropfen lassen und mit etwas Salz würzen.

▼

Den Spargel aus dem Ofen nehmen, auf 2 Platten setzen, die Alufolie öffnen und, falls nötig, mit etwas Meersalz oder Alexanders Kräutersalz abschmecken. Den frittierten Rucola darauf verteilen und mit Ciabatta-Brot sofort servieren.

Mein Tipp

Durch die Zubereitung in der Folie bleibt im Gegensatz zum Garen in einer Flüssigkeit das gesamte Aroma der einzelnen Zutaten wunderbar erhalten.

Mediterranes Feeling

Tintenfischstreifen
auf geröstetem Brot

Zutaten für 2 Personen

4 Thymianzweige
2 Scheiben Bauernbrot
4 EL Olivenöl
6–8 kleine zarte Sepia (küchenfertig)
1 Tomate
1 Romanasalatherz
1 Knoblauchzehe (ungeschält)
Meersalz · schwarzer Pfeffer aus der Mühle

Den Thymian waschen und trocken schütteln. Die Bauernbrotscheiben in einer beschichteten Pfanne in 3 EL Olivenöl mit dem Thymian auf beiden Seiten bei mittlerer Hitze langsam knusprig braun rösten. Auf Küchenpapier abtropfen lassen.

Die Sepia waschen, trocken tupfen und in feine Streifen schneiden. Die Tomate waschen, vierteln und entkernen, dabei den Stielansatz herausschneiden. Das Tomatenfleisch in feine Würfel schneiden. Das Salatherz der Länge nach halbieren, den Strunk großzügig entfernen und den Salat in feine Streifen schneiden.

In einer großen Pfanne 1 EL Olivenöl erhitzen, die Sepia hineingeben und mit der angedrückten Knoblauchzehe rasch anbraten. Auf Küchenpapier abtropfen lassen. Den Salat in der Pfanne etwas anbraten, sodass er leicht zusammenfällt. Die Tomaten und die Sepia samt Knoblauchzehe zum Salat in die Pfanne geben und erneut 1 Minute braten, dabei ab und zu umrühren oder alles durchschwenken. Mit Meersalz und schwarzem Pfeffer würzen und locker auf die Bauernbrote verteilen.

Caprese im Glas
mit sautierten Tintenfischen

Zutaten für 2 Personen

2 Tomaten
1 Kugel Mozzarella (125 g)
Salz · schwarzer Pfeffer aus der Mühle
3 EL Olivenöl
3 Basilikumstiele
3 Stiele glatte Petersilie
200 ml Milch · 150 g Ricotta
6 kleine zarte Sepia (küchenfertig)
etwa Mehl zum Bestäuben
1 Knoblauchzehe (ungeschält)
1 Rosmarinzweig
2 Scheiben Toastbrot

Die Tomaten waschen, halbieren, entkernen und in Würfel schneiden. Den Mozzarella abtropfen lassen und in Würfel schneiden. Miteinander vermischen, mit Salz und Pfeffer würzen und 1 EL Olivenöl unterrühren.

Basilikum und Petersilie waschen, trocken schütteln und die Blätter abzupfen. Die Milch erwärmen, Basilikum und Petersilie dazugeben und alles mit dem Pürierstab mixen. Den Ricotta unterrühren, mit Salz und Pfeffer würzen und in Gläser verteilen. Tomaten und Mozzarella daraufgeben.

Die Tintenfische waschen, trocken tupfen und in Streifen schneiden. Mit Salz und Pfeffer würzen, leicht im Mehl wenden. Mit dem angedrückten Knoblauch und dem Rosmarin in 1 EL Olivenöl rasch braten. Auf Küchenpapier abtropfen lassen. Das Toastbrot entrinden, in kleine Würfel schneiden und in der Pfanne mit 1 EL Olivenöl knusprig braten. Alles lauwarm auf die Gläser verteilen und sofort servieren.

Mediterranes Feeling

Gebratenes Doradenfilet
mit gehobelten Artischockenböden

Zutaten für 2 Personen

Saft von 1 Limette
3 EL Olivenöl
Salz
1 Artischocke
2 Doradenfilets (küchenfertig)
schwarzer Pfeffer aus der Mühle
etwas Mehl zum Bestäuben
1 Knoblauchzehe (ungeschält)
1 Tomate
1 Basilikumstiel

Den Limettensaft mit 2 EL Olivenöl und etwas Salz verrühren. Die Artischocke putzen, d. h., von der Artischocke den Stiel abtrennen, die Hüllblätter zu zwei Dritteln entfernen und die Blätter rund um den Artischockenboden abschneiden. Das »Heu« mit einem Löffel entfernen. Den Artischockenboden mit einem Trüffelhobel in die Ölemulsion hobeln. Vermischen und 2 Minuten ziehen lassen.

Die Haut vom Doradenfilet etwas einritzen, mit Salz und Pfeffer würzen und mit etwas Mehl bestäuben. Die Filets auf der Hautseite in einer Pfanne in 1 EL Olivenöl mit dem angedrückten Knoblauch langsam kross braten.

▼

Die Tomate waschen und in sehr dünne Scheiben schneiden, dabei den Stielansatz herausschneiden. Rosettenartig auf einem Teller dekorieren, die gehobelten Artischockenböden sowie das Doradenfilet daraufgeben. Mit Basilikum garnieren.

Gebratener Seeteufel
auf Safrangurken

Zutaten für 2 Personen

2 Strauchtomaten
1–2 Basilikumstiele
1 EL weißer Aceto Balsamico
Salz · schwarzer Pfeffer aus der Mühle
4 EL Olivenöl
6 Scheiben Safrangurken (siehe Seite 63)
350 g Seeteufelfilet
etwas Mehl zum Bestäuben
1 Knoblauchzehe (ungeschält)
3–4 Thymianzweige
1 EL Süßrahmbutter

Die Strauchtomaten blanchieren, häuten, entkernen und das Fruchtfleisch in Würfel schneiden. Basilikum waschen, trocken schütteln, die Blätter abzupfen und hacken. Die Tomaten mit Essig, Salz, Pfeffer, Basilikum und 3 EL Olivenöl vermischen. Die Safrangurken in einem Topf erwärmen.

Den Seeteufel in 6 Medaillons portionieren, mit Salz und Pfeffer würzen, mit Mehl bestäuben und in einer Pfanne auf beiden Seiten langsam in 1 EL Olivenöl mit dem angedrückten Knoblauch und dem Thymian leicht kross braten.

Die Gurkenscheiben auf eine tiefe Platte legen, die Seeteufelmedaillons daraufsetzen und die Tomatenvinaigrette gleichmäßig darüber verteilen. Den Gurken-Safran-Sud mit der Süßrahmbutter aufmixen und nur den Schaum darübergeben.

Scampi-Kräuter-Cappuccino
mit Zucchini

Zutaten für 2 Personen

5 Scampi (8/12er-Größe)
1 Schalotte
4 EL Olivenöl
1 TL Tomatenmark
200 ml Weißwein
1 Tomate
½ Knoblauchzehe (geschält)
250 ml Gemüsebrühe
4 Basilikumstiele
2 Estragonstiele
2 Stiele glatte Petersilie
Salz
100 g Sahne
½ grüner Zucchino
schwarzer Pfeffer aus der Mühle

Die Scampi schälen, die Schalen waschen und abtropfen lassen. Die Scampi am Rücken entlang einschneiden und den schwarzen Darm entfernen. Die Scampi waschen, abtropfen lassen und in fingerdicke Würfel schneiden. Die Schalotte schälen und ebenfalls in Würfel schneiden. Die Scampischalen in einem Topf in 1 EL Olivenöl bei mittlerer Hitze etwa 1 Minute anrösten. Die Schalotte dazugeben und 30 Sekunden mitrösten. Das Tomatenmark hinzufügen, gut unterrühren, etwas rösten und mit Weißwein ablöschen.

▼

Die Tomate waschen, vierteln und mit der Knoblauchzehe und der Gemüsebrühe zu den Scampischalen geben. Die Kräuter waschen, trocken tupfen, die Blätter abzupfen. Die Stiele in den Sud geben. Die Blätter beiseitelegen. Den Sud aufkochen und zugedeckt bei kleiner Hitze 20 Minuten leicht köcheln lassen.

In ein Sieb abgießen und den Sud auffangen. Die Masse im Sieb mit einer Schöpfkelle gut durchdrücken. Den Sud erneut aufkochen und mit Salz abschmecken. 2 EL Olivenöl dazugeben und alles mit einem Pürierstab gründlich mixen.

▼

Die Kräuterblätter fein hacken. Die Sahne mit 1 Prise Salz cremig schlagen, die Kräuter unterrühren und kurze Zeit ziehen lassen. Den Zucchino putzen, waschen, der Länge nach vierteln, das Kerngehäuse großzügig entfernen und das Fruchtfleisch in feine Würfel schneiden.

▼

Die Zucchini- und Scampiwürfel mit 1 Prise Salz in einer Pfanne in 1 EL Olivenöl anbraten. In zwei dekorative Gläser verteilen, mit dem heißem Scampisud aufgießen und die Kräutersahne daraufgeben.

Mein Tipp

Dieses Gericht besticht durch das Wechselspiel von Geschmack und Temperaturen: von heißen, würzigen Scampi und kalter, zarter Kräutersahne.

Mediterranes Feeling

Meine Kartoffel-Scampi-Suppe
mit Basilikum

Zutaten für 2 Personen

4 mittelgroße mehlig kochende Kartoffeln · Salz
6 Scampi (8/12er-Größe)
5 EL Olivenöl
1 Schalotte
1 TL Tomatenmark
100 ml Weißwein
600 ml Gemüsebrühe
1 Tomate
1 Knoblauchzehe (ungeschält)
3 Basilikumstiele
schwarzer Pfeffer aus der Mühle

Die Kartoffeln schälen und in Salzwasser gar kochen. Die Scampi schälen, die Schalen waschen und gut abtropfen lassen. Die Scampi am Rücken entlang einschneiden und den schwarzen Darm entfernen. Die Scampi waschen und trocken tupfen. Das Scampifleisch in feine Würfel schneiden.

▼

Die Scampischalen in 1 EL Olivenöl in einem kleinen Topf rösten. Die Schalotte schälen, in Streifen schneiden, zu den Scampischalen geben und kurz mitdünsten. Das Tomatenmark dazugeben und so lange rösten, bis sich Röststoffe am Topfboden gebildet haben. Mit Weißwein ablöschen und mit 200 ml Gemüsebrühe auffüllen.

▼

Die Tomate waschen, vierteln, den Stielansatz entfernen und die Tomate dazugeben. Die Knoblauchzehe andrücken und ebenfalls hinzufügen. Das Basilikum waschen, trocken schütteln und die Blätter abzupfen. Die Blätter in feine Streifen schneiden und die Stiele mit in den Scampifond geben. Den Scampifond aufkochen und zugedeckt bei mittlerer Hitze etwa 15 Minuten langsam köcheln lassen.

▼

Den Fond durch ein feines Sieb gießen, dabei mit einer Schöpfkelle die Masse im Sieb gut ausdrücken. Den Fond erneut aufkochen, 2 EL Olivenöl dazugeben und mit dem Pürierstab mixen. Die Scampiwürfel in den noch heißen, nicht mehr kochenden Sud geben, einmal durchrühren und ziehen lassen.

▼

Die restliche Gemüsebrühe erwärmen. Die gegarten Kartoffeln kurz ausdampfen lassen, durch die Kartoffelpresse in einen Topf drücken, die heiße Gemüsebrühe dazugießen und 2 EL Olivenöl dazugeben. Mit dem Pürierstab zu einer sämigen, püreeähnlichen Masse mixen. Falls nötig, noch etwas Brühe hinzufügen und erneut unter Rühren erwärmen. Mit Salz und Pfeffer abschmecken.

▼

Die Basilikumstreifen hinzufügen und die Suppe auf zwei dekorative Gläser verteilen. Die Scampi mit etwas Sud auf die Kartoffelsuppe geben. Mit Basilikum und gerösteten Brotscheiben garnieren.

Mediterranes Feeling

Mallorcagarnelen-Paella
mit Austernpilzen

Zutaten für 2 Personen

12–14 rotschalige Mallorcagarnelen (15/30er-Größe)
1 Estragonstiel
1 Tomate
4–5 EL Olivenöl
350 ml Gemüsebrühe
1 Knoblauchzehe (ungeschält)
6–8 Austernpilzkappen
1 kleine Zwiebel
1 Rosmarinzweig
10 Cocktailtomaten (an der Rispe)
Salz · schwarzer Pfeffer aus der Mühle
150 g Paella- bzw. Risottoreis
100 ml Weißwein
½ Päckchen Safranfäden

Die Garnelen schälen, die Schalen waschen und abtropfen lassen. Die Garnelen am Rücken entlang einschneiden, den schwarzen Darm entfernen, die Garnelen waschen und trocken tupfen. Den Estragon waschen und trocken schütteln. Die Tomate waschen und vierteln. Dabei den Stielansatz herausschneiden.

Die Garnelenschalen in 1 EL Olivenöl in einem mittelgroßen Topf anrösten. Mit der Brühe auffüllen, die angedrückte Knoblauchzehe, den Estragon sowie die geviertelte Tomate dazugeben. Zugedeckt etwa 10 Minuten leicht köcheln lassen. Durch ein Sieb abgießen und den so entstandenen Fond beiseitestellen.

Das Garnelenfleisch längs halbieren. Die Pilze putzen, trocken abreiben und in dünne Streifen schneiden. Die Zwiebel schälen und in feine Würfel schneiden. Den Backofen auf 160 ° (Umluft) vorheizen.

Den Rosmarinzweig waschen und trocken schütteln. Die Cocktailtomaten mit Grün samt dem Rosmarin mit 1 EL Olivenöl sowie etwas Salz und schwarzem Pfeffer in eine kleine Auflaufform oder auf einen kleinen ofenfesten Teller geben. Im vorgeheizten Ofen 8 bis 10 Minuten schmoren lassen. Die Tomaten sollen leicht aufplatzen.

Die Zwiebelwürfel in einem mittelgroßen Topf in 1 EL Olivenöl andünsten. Den Paella- bzw. Risottoreis hinzufügen und kurz mitdünsten. Sofort mit etwas Salz würzen. Mit Weißwein ablöschen und unter ständigem Rühren bei mittlerer Hitze langsam köcheln lassen. Mit Garnelenfond auffüllen, sodass der Reis bedeckt ist. Den Fond langsam einkochen lassen, dabei immer wieder umrühren. Nach 15 Minuten, falls nötig, noch etwas Brühe nachgießen. Den Safran hinzugeben, gut unterrühren und den Reis weitere 5 Minuten leicht köcheln lassen. Beiseitestellen und noch etwas ziehen lassen.

Die Garnelen und Austernpilze in einer beschichteten Pfanne in 1 EL Olivenöl mit etwas Salz und schwarzem Pfeffer rasch anbraten. Den Paellareis auf eine große Platte verteilen. Die Garnelen mit den Pilzen daraufgeben und mit den geschmorten Cocktailtomaten sowie Zitronenvierteln garnieren.

Mediterranes Feeling

Rotwein-Paella
mit Chorizo und Birne

Zutaten für 2 Personen

1 rote Zwiebel
3 EL Olivenöl
200 g Paella- bzw. Risottoreis · Salz
250 ml kräftiger spanischer Rotwein (kein Barrique)
1 kleine Chilischote
400 ml Gemüsebrühe
1 Lorbeerblatt
1 Williamsbirne
1 kleine vorgekochte Rote Bete
2–3 Estragonstiele
80 g dünn geschnittene Chorizo
(spanische Paprikawurst)
schwarzer Pfeffer aus der Mühle

Die Zwiebel schälen und in feine Würfel schneiden. In einem flachen Topf im Olivenöl glasig andünsten. Den Paella- bzw. Risottoreis hinzufügen, kurz mitdünsten und mit Salz würzen. Mit dem Rotwein ablöschen und bei mittlerer Hitze unter häufigem Rühren langsam einkochen lassen.

Die Chilischote waschen und trocken tupfen. Die Brühe mit dem Lorbeerblatt und der Chilischote aufkochen. Wenn der Rotwein fast eingekocht ist, mit der heißen Gemüsebrühe auffüllen, bis der Reis knapp bedeckt ist. Bei mittlerer Hitze erneut einkochen lassen. Ab und zu umrühren, dabei darauf achten, dass die Paella am Topfboden nicht ansetzt. Falls nötig, etwas Brühe nachgießen. Nach 15 bis 20 Minuten ist der Reis gar. Beiseitestellen und etwas ziehen lassen.

Währenddessen die Birne schälen, vierteln, das Kerngehäuse entfernen und die Birne in feine Würfel schneiden. Die Rote Bete ebenfalls in feine Würfel schneiden. Den Estragon waschen, trocken schütteln, die Blätter abzupfen und fein hacken. Estragon, Birne und Rote Bete in die Paella geben, erneut aufkochen.

Die Rotwein-Paella auf zwei Teller oder eine Platte verteilen. Die aufgeschnittene Chorizo um die Paella herum garnieren. Mit grob gemahlenem schwarzem Pfeffer bestreuen.

Mein Tipp

Paellareis ist ein sehr saugstarker Rundkornreis, d.h., dass diese Reissorte viel Flüssigkeit aufnehmen kann. Wenn Sie keinen Paellareis bekommen, können Sie auch Risottoreis wie den italienischen Arborioreis nehmen. Im Gegensatz zum Risotto sollte eine Paella jedoch nicht cremig, sondern locker körnig sein. Statt mit Rotwein, Birne und Wurst schmeckt dieses Gericht auch sehr gut mit Weißwein, Artischocke und Schinken.

Safranrisotto
mit frittiertem Fenchelgrün

Zutaten für 2 Personen

2 Schalotten
4 EL Olivenöl
200 g Risottoreis · Salz
200 ml Weißwein
400 ml Gemüsebrühe
6 Thymianzweige
½ Knoblauchzehe (geschält)
1 Lorbeerblatt
2 Stiele Fenchelgrün
½ Päckchen Safranfäden
1–2 EL frisch geriebener Parmesan
2 EL kalte Süßrahmbutter

Die Schalotten schälen, in feine Würfel schneiden und in 1 EL Olivenöl in einem mittelgroßen Topf andünsten. Den Risottoreis dazugeben und ebenfalls 1 bis 1½ Minuten unter Rühren andünsten. Mit Salz würzen und mit Weißwein ablöschen. Sofort einen Deckel daraufgeben und den Topf beiseitestellen. Den Reis 6 Minuten quellen lassen.

▼

In der Zwischenzeit die Gemüsebrühe aufkochen. Thymian waschen und trocken schütteln. Knoblauchzehe, Lorbeerblatt und Thymianzweige in die Brühe geben. Die Brühe sollte nicht mehr kochen, aber noch heiß sein. Das Fenchelgrün waschen, trocken schütteln und abzupfen. In einer großen Pfanne in 2 EL Olivenöl bei mittlerer Hitze langsam frittieren. Mit einem Löffel oder einer Gabel aus der Pfanne nehmen und auf Küchenpapier abtropfen lassen.

Den Risotto wieder auf den Herd stellen, den Deckel entfernen und den Reis mit heißer Brühe aufgießen, sodass er bedeckt ist. Unter ständigem Rühren wieder erwärmen. Der Reis sollte nicht kochen, sondern nur leicht sieden. Die Safranfäden hineingeben, gründlich verrühren und mit 1 Prise Salz würzen. Unter häufigem Rühren bei mittlerer Hitze immer wieder so viel Gemüsebrühe hinzufügen, dass der Reis knapp damit bedeckt ist und immer genügend Flüssigkeit aufnehmen kann. Nach 12 bis 15 Minuten Garzeit ist der Reis bissfest.

▼

2 EL Olivenöl hinzufügen und vorsichtig unterrühren. Den Parmesan sowie die kalte Süßrahmbutter in Flöckchen unter den Risotto rühren, sodass eine cremige Konsistenz entsteht. Falls nötig, mit etwas Salz nachwürzen. Den Risotto in die Mitte von 2 Tellern geben und mit dem frittierten Fenchelgrün garnieren. Der Safranrisotto passt hervorragend zu den Thunfisch-Kalbs-Involtini von Seite 54.

Mein Tipp

Risotto, das cremige Reisgericht, ist ein Alleskönner und kann mit vielerlei Zutaten kombiniert werden. So können Sie statt Safranfäden auch einfach einen Löffel frisches Pesto untermischen.

Mediterranes Feeling

Thunfisch-Kalbs-Involtini
mit Zitronen-Kapern-Sauce

Zutaten für 2 Personen

½ Kopf Romanesco
2 Scheiben Kalbsrücken (à 100 g; vom Metzger hauchdünn plattieren lassen)
Salz · schwarzer Pfeffer aus der Mühle
1 Rosmarinzweig
1 dickes Stück Thunfisch (250 g; Shusi-Qualität)
3 EL Olivenöl
1 EL Butter
1 Zitrone
1 TL eingelegte Kapern
1 Tomate
1 Schalotte
2–3 Stiele glatte Petersilie
½ Knoblauchzehe (geschält)
150 ml Gemüsebrühe
1 EL Süßrahmbutter
1 Prise Alexanders Kräutersalz (siehe Seite 12)

Den Romanesco putzen, in feine Röschen teilen und waschen. Die Kalbrückenscheiben auf die Arbeitsfläche legen, mit Salz und schwarzem Pfeffer würzen. Den Rosmarin waschen, trocken schütteln und die Nadeln abzupfen. Fein hacken und gleichmäßig auf dem Kalbsrücken verteilen. Das Thunfischfilet der Länge nach halbieren und jeweils 1 Stück Thunfisch in die Kalbsrückenscheiben wickeln.

▼

Den Backofen auf 70 °C (Umluft) vorheizen. Die Involtini in einer Pfanne in 1 EL Olivenöl auf allen Seiten etwa 1 Minute kräftig braun anbraten. Der Thunfisch wird auf diese Weise nicht durchgebraten, denn der Kalbfleischmantel verhindert, dass die Hitze sich schnell im Thunfisch verteilt. Der Thunfisch soll in der Mitte noch schön glasig sein, also maximal lauwarm, denn so schmeckt er am besten. Die Thunfisch-Kalbs-Involtini auf einen Teller legen und im Ofen noch 3 bis 4 Minuten ruhen lassen.

▼

Die Pfanne mit Küchenpapier ausreiben und die Romanesco-Röschen in 1 EL Olivenöl 3 bis 4 Minuten bei mittlerer Hitze mit 1 Prise Salz langsam braten. Dabei öfters schwenken, damit sie von allen Seiten schön braun werden. Zum Schluss die Butter hinzufügen, aufschäumen lassen und die Romanesco-Röschen darin schwenken. Auf Küchenpapier abtropfen lassen.

▼

Die Zitrone mit einem Messer so schälen, dass die weiße Haut mit entfernt wird. Die Zitronenfilets herausschneiden und grob hacken. Die Kapern ebenfalls grob hacken. Die Tomate waschen, vierteln, entkernen und den Stielansatz herausschneiden. Die Schalotte schälen und in feine Würfel schneiden. Die Petersilie waschen, trocken schütteln, die Blätter abzupfen und ebenfalls fein hacken. Die Schalotte in einem kleinen Topf in 1 EL Olivenöl andünsten. Die Zitronenfilets, die Kapern, die Knoblauchzehe und die Tomate dazugeben. Mit der Brühe ablöschen, mit etwas Salz würzen und die Süßrahmbutter hinzufügen. Unter Rühren einkochen lassen, bis eine sämige, klare Sauce entsteht. Mit der gehackten Petersilie bestreuen.

▼

Den Romanesco auf einer Platte verteilen. Die Involtini in fingerdicke Scheiben schneiden, dekorativ darauf anrichten und mit der Zitronen-Kapern-Sauce übergießen. Auf die Schnittfläche der Thunfisch-Kalbs-Involtini 1 Prise Alexanders Kräutersalz geben. Als Beilage passt dazu der Safranrisotto von Seite 53.

Mediterranes Feeling

Gegrilltes iberisches Schweinefilet
mit Gazpacho-Gemüse

Zutaten für 2 Personen

6 Medaillons vom iberischen Schweinefilet (à 50 g; ersatzweise handelsübliches Schweinefilet)
Salz · schwarzer Pfeffer aus der Mühle
4–5 EL Olivenöl
1 EL Nussöl
1 kleine Zwiebel
1/3 Salatgurke
8 Cocktailtomaten
1 kleine rote Paprikaschote
2 Basilikumzweige
1 Knoblauchzehe
3–4 Toastbrotscheiben
1 Schuss Gemüsebrühe
Chilipulver

Den Backofen auf 90 °C (Umluft) vorheizen. Die Schweinefiletmedaillons auf beiden Seiten mit Salz und Pfeffer würzen, mit wenig Öl beträufeln. In einer Grillpfanne auf beiden Seiten grillen, sodass das typische schwarze Grillmuster entsteht. Die Medaillons aus der Pfanne nehmen, auf einen Teller geben und mit dem Nussöl bestreichen. Im vorgeheizten Ofen 8 bis 10 Minuten fertig garen.

Die Zwiebel schälen, halbieren und in feine Streifen schneiden. Die Gurke schälen, längs halbieren, entkernen und in Scheiben schneiden. Die Cocktailtomaten waschen, halbieren und den Stielansatz herausschneiden. Die Paprika vierteln, entkernen, schälen und in große Rauten schneiden. Das Basilikum waschen, trocken schütteln, die Blätter abzupfen und in feine Streifen schneiden. Den Knoblauch schälen und in Scheiben schneiden.

Das Toastbrot entrinden und in Croûtons schneiden. Die Toastbrotwürfel in einer Pfanne in 2 EL Olivenöl unter ständigem Rühren auf allen Seiten goldbraun rösten. Auf Küchenpapier abtropfen lassen.

Die Zwiebelstreifen in einer Pfanne in 2 EL Olivenöl bei mittlerer Hitze langsam braten. Die Paprikarauten hinzufügen, mit etwas Salz würzen und mit Gemüsebrühe ablöschen. Zugedeckt 1 bis 2 Minuten dünsten. Gurke, Cocktailtomaten und Knoblauchzehe dazugeben, erneut mit Salz würzen, verrühren und ohne Deckel etwa 2 Minuten garen. Zum Schluss das Basilikum sowie 1 Prise Chilipulver hinzufügen und auf zwei Teller oder auf einer Platte verteilen. Die Croûtons darüberstreuen und die gegrillten Schweinefilets dekorativ dazwischenlegen. Mit einigen Tropfen Olivenöl abrunden.

Mein Tipp

Das Gemüse kann man auch sehr gut kalt genießen. Einfach mit ein paar Tropfen Essig und etwas Olivenöl marinieren, und schon hat man einen erfrischenden Gemüsesalat.

Milchlammschulter
mit Oliven geschmort

Zutaten für 4 Personen

1 Milchlammschulter mit Knochen (ca. 1,4 kg; küchenfertig vom Metzger vorbereiten lassen)
Salz · schwarzer Pfeffer aus der Mühle
5–6 EL Olivenöl
2 rote Zwiebeln
2 rote Paprikaschoten
3 Knoblauchzehen (ungeschält)
½ Bund Thymian
1 EL Tomatenmark
400 ml spanischer trockener Rotwein (kein Barrique)
600 ml Gemüsebrühe
1 TL schwarze Olivenpaste
15 schwarze Oliven
5–6 mittelgroße Kartoffeln
Meersalz

Die Milchlammschulter auf beiden Seiten mit Salz und Pfeffer würzen. In einem ausreichend großen Bräter in 1 bis 2 EL Olivenöl auf beiden Seiten anbraten. Die Zwiebeln schälen und in feine Streifen schneiden. Die Paprikaschoten vierteln, entkernen, waschen und in breite Streifen schneiden. Die Knoblauchzehen andrücken. Die Milchlammschulter aus dem Bräter nehmen und auf einem ofenfesten Teller beiseitestellen.

▼

Den Backofen auf 160 °C (Umluft) vorheizen. Den Thymian waschen und trocken schütteln. Die Zwiebeln und Paprika im Bräter andünsten. Das Tomatenmark dazugeben und kurz rösten, bis sich Röststoffe am Boden bilden. Mit dem Rotwein ablöschen und der Brühe auffüllen. Die Knoblauchzehen, die Olivenpaste sowie den Thymian hinzufügen. Alles aufkochen und die Milchlammschulter hineingeben.

Im vorgeheizten Ofen zugedeckt 1½ bis maximal 2 Stunden langsam schmoren. Die Milchlammschulter ist fertig, wenn man mit einem Messer an der dicksten Stelle leicht hineinstechen kann. Die Lammschulter vorsichtig aus dem Schmorsud nehmen und auf einem Teller beiseitestellen, mit Alufolie abdecken und ruhen lassen.

▼

Das Gemüse samt Schmorfond erneut aufkochen und durch die Flotte Lotte (Passiersieb) passieren. So entsteht eine grobe, hocharomatische Schmorsauce. Wer es lieber etwas feiner möchte, kann das Gemüse auch pürieren und alles durch ein feines Sieb streichen. Die schwarzen Oliven entsteinen und in grobe Würfel schneiden. Mit 2 EL Olivenöl in die Sauce geben, verrühren und nur erwärmen, nicht mehr kochen.

▼

Die Kartoffeln schälen, waschen und in Salzwasser gar kochen. Auf ein Backblech geben und 1 bis 2 Minuten ausdampfen lassen. Die Kartoffeln mit einer Gabel grob zerdrücken und auf einer Platte verteilen. Mit Meersalz und schwarzem Pfeffer würzen und mit 2 bis 3 EL Olivenöl beträufeln. Die Lammschulter, falls nötig, im Backofen bei 100 °C (Umluft) erneut erwärmen. Auf einem Brett vorsichtig vom Knochen lösen und in große, dicke Scheiben schneiden. Die Scheiben auf die zerdrückten Kartoffeln legen, mit der heißen Schmorsauce übergießen und sofort servieren. Dazu passen als Beilage Feigen in Serranoschinken von Seite 40.

Mediterranes Feeling

Herzhafte Ricottaknödel
mit Pfeffer-Zwetschgen

Zutaten für 2 Personen

5 Zwetschgen
1 Zimtstange
½ TL schwarze Pfefferkörner
Meersalz
1 Schuss Rotwein
220 g Ricotta
1 Ei
2–3 Scheiben Salami
2 Basilikumzweige
1 TL Speisestärke
2–3 EL Semmelbrösel
1 unbehandelte Zitrone
1 EL Olivenöl
1 TL Butter
1 EL alter Aceto Balsamico oder
Alexanders Balsamicosirup (siehe Seite 11)

Den Backofen auf 180 °C (Umluft) vorheizen. Die Zwetschgen waschen, halbieren, den Stein entfernen und mit der Schnittfläche nach unten in eine Auflaufform geben. Die Zimtstange dazugeben, die Pfefferkörner und etwas Meersalz darüberstreuen. Einen Schuss Rotwein angießen und die Form mit Alufolie gut verschließen. Im vorgeheizten Ofen 15 bis 20 Minuten schmoren.

▼

Das Ei trennen. Den Ricotta mit dem Eigelb verrühren. Das Eiweiß beiseitestellen. Die Salami in feine Würfel schneiden. Das Basilikum waschen, trocken schütteln, die Blätter abzupfen und fein hacken. Beides zum Ricotta geben, mit etwas Salz würzen. Die Stärke dazugeben und alles gut vermischen. Das Eiweiß mit 1 Prise Salz steif schlagen und vorsichtig unter die Ricottamasse heben. Die Semmelbrösel hinzufügen, bis die Konsistenz eines locker-leichten Kartoffelpürees entsteht.

Die Zitrone heiß waschen und abtrocknen. 1 bis 2 dünne Streifen Zitronenschale abschneiden. In einer Pfanne etwas Olivenöl erhitzen. Vom Ricotta mit einem Löffel Nocken abstechen. Die Ricottanocken in der Pfanne bei kleiner Hitze rundherum knusprig braten. Die Ricottaknödel sollen innen noch luftig sein. Die Butter in die heiße Pfanne geben und die Zitronenstreifen hinzufügen. Die Knödel in der Zitronenbutter noch einmal schwenken und beiseitestellen.

▼

Die Zwetschgen aus dem Ofen nehmen, auf zwei Teller oder einer Platte verteilen. Mit Aceto Balsamico oder Alexanders Balsamicosirup gleichmäßig beträufeln, die Ricottaknödel darauflegen und mit Basilikumblättern garnieren.

Mein Tipp

Birnen oder Schalotten lassen sich ebenso gut wie die Zwetschgen zubereiten und können zu den Ricottaknödeln serviert werden.

Mediterranes Feeling

Kaninchenkeulen nach italienischer Hausfrauenart
mit cremiger Paprikapolenta

Zutaten für 2 Personen

2 Kaninchenkeulen
Meersalz · schwarzer Pfeffer aus der Mühle
8 Schalotten
2 Knoblauchzehen (ungeschält)
3 Rosmarinzweige
3 EL Olivenöl
1 rote Paprikaschote
150–200 ml Gemüsebrühe
3–5 EL Instantpolenta
40 g frisch geriebener Parmesan
1 TL Butter
3 Stiele glatte Petersilie

Die Kaninchenkeulen auf beiden Seiten mit Salz und Pfeffer würzen, in einer Pfanne mit 1 EL Olivenöl auf allen Seiten leicht braun anbraten. Die Kaninchenkeulen in eine Auflaufform geben.

Den Backofen auf 180 °C (Umluft) vorheizen. Die Schalotten schälen. Die Knoblauchzehen einmal andrücken. Rosmarin waschen, trocken schütteln und die Nadeln abzupfen. Alles zu den Kaninchenkeulen geben, mit 2 EL Olivenöl beträufeln. Mit Meersalz und schwarzem Pfeffer würzen. Die Auflaufform mit Alufolie abdecken. Im vorgeheizten Ofen 1 Stunde backen. Anschließend die Alufolie entfernen und die Kaninchenkeulen weitere 15 Minuten im Ofen garen. Falls nötig, ein- bis zweimal wenden.

Für die Paprikapolenta die Paprika vierteln, entkernen, schälen und in feine Würfel schneiden. Die Brühe aufkochen, den Polentagrieß einrieseln lassen. Je nach Grießsorte benötigt man 3 bis 5 EL.

Die Brühe mit dem Grieß 20 bis 30 Sekunden leicht köcheln lassen. Die Paprikawürfel dazugeben und weitere 20 Sekunden köcheln lassen. Die Polenta vom Herd nehmen und zugedeckt 10 Minuten quellen lassen. Kurz vor dem Servieren erneut erwärmen, mit 1 EL Olivenöl, Parmesan sowie Butter cremig rühren. Die Konsistenz soll wie bei einem Kartoffelpüree sein. Falls nötig, noch etwas Brühe hinzufügen, um sie flüssiger zu machen, oder noch etwas Grieß einrieseln lassen, damit die Polenta etwas fester wird.

Die Petersilie waschen, trocken schütteln, die Blätter abzupfen und fein hacken. Die Polenta mit Salz und Pfeffer abschmecken und die Petersilie unterrühren. Die Polenta in die Mitte von 2 Tellern geben, die Kaninchenkeulen daraufsetzen und die Schalotten darum herum verteilen.

Mein Tipp

Damit die Polenta schön cremig wird, dürfen Parmesan und Butter bei der Zubereitung nicht fehlen.
Statt Kaninchenkeulen kann man auch Saltimbocca vom Kaninchen von Seite 61 dazu servieren.

Mediterranes Feeling

Saltimbocca vom Kaninchen
mit Balsamico-Honig-Reduktion

Zutaten für 2 Personen

4 Stangen grüner Spargel
270–320 ml Gemüsebrühe
3–5 EL Instantpolenta
3 Kaninchenrückenfilets
Salz · schwarzer Pfeffer aus der Mühle
6 Salbeiblätter
6 Scheiben Parmaschinken
2–3 EL Olivenöl
2 Schalotten
50 ml Aceto Balsamico
1 EL Honig
1 TL Butter
½ Knoblauchzehe (geschält)
40 g frisch geriebener Parmesan
1 TL Butter

Den grünen Spargel nur im unteren Drittel schälen und die Enden abschneiden. Den Spargel waschen und schräg in Scheiben schneiden. 150 bis 200 ml Gemüsebrühe aufkochen, den Polentagrieß einrieseln lassen. Je nach Grießsorte benötigt man 3 bis 5 EL. Die Brühe mit dem Grieß 20 bis 30 Sekunden leicht köcheln lassen. Den Spargel dazugeben und weitere 20 Sekunden köcheln lassen. Die Polenta vom Herd nehmen und zugedeckt 10 Minuten quellen lassen.

▼

Die Kaninchenrückenfilets in 6 gleich große Stücke portionieren und mit Salz und Pfeffer würzen. Mit den Salbeiblättern in Parmaschinken einwickeln und in einer Pfanne mit 1 EL Olivenöl langsam auf allen Seiten braten. Herausnehmen und auf Küchenpapier abtropfen lassen.

Die Schalotten schälen und in Würfel schneiden. In einer Pfanne in etwas Olivenöl andünsten. Mit Aceto Balsamico und 120 ml Brühe ablöschen. Honig, Butter und den angedrückten Knoblauch hinzufügen und sämig einkochen lassen.

▼

Kurz vor dem Servieren die Polenta erneut erwärmen, mit 1 EL Olivenöl, Parmesan sowie der Butter cremig rühren. Die Konsistenz soll wie bei einem Kartoffelpüree sein. Falls nötig, noch etwas Brühe hinzufügen, um sie flüssiger zu machen, oder noch etwas Grieß einrieseln lassen, damit die Polenta etwas fester wird.

▼

Die Saltimbocca mit der Balsamico-Honig-Reduktion beträufeln und die Spargelpolenta dazu servieren.

Mein Tipp

Anstelle von Kaninchenrücken eignen sich für dieses Rezept auch Lammfilets oder Hähnchenbrüste.

Rehmedaillons
mit Cantucci-Brösel

Zutaten für 2 Personen

1 kleine Zwiebel
1 EL Olivenöl
350 ml Gemüsebrühe
3–5 EL Polentagrieß
½ Kopf Radicchio
6 Cantucci-Kekse (ital. Mandelgebäck)
1–2 EL weiche Butter
6 Rehrückenmedaillons (à 50 g)
Salz · schwarzer Pfeffer aus der Mühle
1 TL Nussöl
50 g Sahne
40 g frisch geriebener Parmesan
1 TL kalte Süßrahmbutter
4 Thymianzweige
1–2 EL alter Aceto Balsamico oder Alexanders Balsamicosirup (siehe Seite 11)

Die Zwiebel schälen und in feine Würfel schneiden. In einem mittleren Topf im Olivenöl gut andünsten, mit der Gemüsebrühe auffüllen und aufkochen lassen. Den Polentagrieß einrieseln lassen. Je nach Grießsorte benötigt man 3 bis 5 EL. Die Brühe mit dem Grieß 20 bis 30 Sekunden leicht köcheln lassen. Einen Deckel daraufgeben und beiseiteziehen, sodass die Polenta 10 Minuten quellen kann.

▼

Währenddessen den Radicchio putzen und in breite Streifen schneiden. Etwa 10 Minuten in lauwarmes Wasser legen, damit die Bitterstoffe entzogen werden. Danach kurz in Eiswasser legen, sodass der Radicchio wieder schön knackig wird.

Die Cantucci-Kekse in einen Blitzhacker geben und fein hacken. Mit der weichen Butter glatt rühren. Den Backofen auf 140 °C (Umluft) vorheizen. Die Rehrückenmedaillons mit Salz und Pfeffer auf beiden Seiten würzen und in einer Pfanne im Nussöl bei mittlerer Hitze auf beiden Seiten anbraten. Die Medaillons auf einen Teller oder ein kleines Backblech legen. Die Cantucci-Buttermasse gleichmäßig darauf verteilen und im vorgeheizten Ofen mit Grillfunktion etwa 4 Minuten garen, sodass die Cantucci-Brösel leicht braun werden. Die Medaillons aus dem Ofen nehmen und 5 Minuten ruhen lassen.

▼

Kurz vor dem Servieren die Polenta erneut auf dem Herd erwärmen, mit der Sahne, dem Parmesan sowie der kalten Süßrahmbutter cremig rühren. Die Konsistenz sollte wie bei einem Kartoffelpüree sein. Falls nötig, etwas Brühe dazugeben, um sie flüssiger zu machen, oder noch mal etwas Grieß hineinrieseln lassen, damit die Polenta etwas fester wird.

▼

Den Thymian waschen, trocken schütteln und die Blätter abzupfen. Die Polenta zum Schluss mit Salz abschmecken und die Thymianblätter unterrühren. Die Rehmedaillons erneut im Ofen 1 bis 2 Minuten unter dem Grill erwärmen, damit die Cantucci-Kruste noch einmal etwas knusprig wird.

▼

Die heiße Polenta auf zwei Teller oder eine Platte verteilen, den Radicchio gut trocken schütteln und darauf verteilen. Mit Aceto Balsamico oder Alexanders Balsamicosirup großzügig beträufeln und die Rehrückenmedaillons dekorativ daraufsetzen.

Safrangurken
eingelegt

Zutaten für 2–4 Personen

1 Salatgurke
2 Schalotten
4 Thymianzweige
100 ml Weißwein
40 ml Essig
200 ml Gemüsebrühe
½ Päckchen Safranfäden
1 Scheibe Wammerl
Salz

Die Gurke schälen und in 1 cm dicke Scheiben schneiden. Die Schalotte schälen und in Würfel schneiden. Thymian waschen und trocken schütteln.

Die Gurke mit Weißwein, Essig, Brühe, Schalotten, Safran, Wammerl und Thymian einmal aufkochen und 5 Minuten ziehen lassen. Die Safrangurken mit etwas Salz abschmecken und noch heiß in Einmachgläser füllen, gut verschließen und 15 bis 20 Minuten einkochen. Die Safrangurken im Kühlschrank oder Keller aufbewahren.

Gebackener Salbei
im Proseccoteig

Zutaten für 2 Personen

2 EL Mehl
2 EL Speisestärke
2 EL Zucker
kalter Prosecco
5 EL Butterschmalz
16 große frische Salbeiblätter
Mehl zum Bestäuben
1 EL Puderzucker

Mehl, Stärke, Zucker miteinander vermischen und so viel kalten Prosecco vorsichtig mit einem Schneebesen unterrühren, bis ein leicht sämiger Teig entsteht. Je dünner der Teig wird, umso dünner wird die Teighülle für den Salbei. Wichtig ist außerdem, dass der Prosecco wirklich kalt ist.

Das Butterschmalz in einer flachen, nicht zu großen Pfanne erhitzen. Die Salbeiblätter waschen, gut trocken tupfen und mit etwas Mehl bestäuben. Die Blätter einzeln durch den Teig ziehen, sodass alle Seiten vom Teig umhüllt sind. Die Salbeiblätter schwimmend im heißen Butterschmalz nach und nach backen. Falls nötig, den Salbei einmal wenden. Darauf achten, dass nicht zu viele Salbeiblätter auf einmal gebacken werden. Die Salbeiblätter im Teigmantel werden in der Farbe nicht goldbraun, dabei aber sehr knusprig.

Die gebackenen Salbeiblätter auf Küchenpapier gut abtropfen lassen, sofort mit Puderzucker bestreuen und servieren.

Mediterranes Feeling

Meine Schokolade
auf italienische Art

Zutaten für 2–6 Personen

100 g Vollmilchkuvertüre
200 g dunkle Kuvertüre
2 EL Pinienkerne
2 EL getrocknete Sauerkirschen

Vollmilch- und dunkle Kuvertüre im Wasserbad schmelzen lassen, anschließend über kaltem Wasser rühren, damit die Schokolade Glanz bekommt. Die Pinienkerne in einer Pfanne ohne Fett rösten. Die Schokolade wieder erwärmen und auf ein mit Backpapier ausgelegtes Backblech gießen und 5 mm dünn ausstreichen.

Die Schokolade mit Pinienkernen und getrockneten Sauerkirschen bestreuen. An einem kühlen Ort erkalten lassen.

Die Schokolade in grobe Stücke brechen und zum Espresso servieren.

Orangengranité
mit weißer Kaffeesahne

Zutaten für 2 Personen

6 Saftorangen
4 cl Grand Marnier
½ Vanilleschote
2½ EL Zucker
300 g Sahne
4 EL Kaffeebohnen

Die Saftorangen auspressen. Mit Grand Marnier, Mark der Vanilleschote und 1 EL Zucker vermischen und in eine Auflaufform geben. Über Nacht im Tiefkühlfach gefrieren lassen.

Die Sahne aufkochen, die Kaffeebohnen und den restlichen Zucker hineingeben und 30 Minuten ziehen lassen. Durch ein Sieb gießen und im Kühlschrank ganz auskühlen lassen.

Zum Servieren die Kaffeesahne cremig aufschlagen, in dekorative Gläser füllen, das Granité mit einem Löffel abkratzen und auf die Kaffeesahne geben.

Mein Tipp

Die Schokolade schmeckt auch mit gerösteten Mandeln, Haselnüssen oder Cashewkernen sowie getrockneten Weintrauben, Aprikosen oder Ananas.

Mediterranes Feeling

Pfirsich mit Sherry
in der Folie geschmort

Zutaten für 2 Personen

2 EL Mandelblättchen
1 großer reifer Pfirsich
2 Stück Würfelzucker
½ Vanilleschote
60 ml trockener Sherry

Den Backofen auf 160 °C (Umluft) vorheizen. Die Mandelblättchen auf ein flaches Blech oder in eine Auflaufform geben und im vorgeheizten Ofen etwa 5 bis 8 Minuten braun rösten. Die Backofentemperatur auf 170 °C erhöhen.

Den Pfirsich waschen, vorsichtig halbieren und den Stein entfernen. Zwei Blätter Alufolie auf DIN-A5-Größe zurechtschneiden. Die Pfirsichhälften mit der Schnittfläche nach oben auf je 1 Blatt setzen. Damit der Pfirsich besser steht, von der gewölbten Seite ein Stück abschneiden, sodass er flach aufliegt. In die Pfirsichmulden je 1 Stück Würfelzucker geben. Die Vanilleschote der Länge nach halbieren und jeweils auf den Pfirsich legen. Den Sherry vorsichtig auf den Würfelzucker träufeln.

Die gerösteten Mandeln darauf verteilen, die Alufolie gut verschließen und den Pfirsich im vorgeheizten Ofen auf dem Ofengitter 12 bis 16 Minuten schmoren.

Himbeer-Tiramisu
mit Schokolade

Zutaten für 4 Personen

30 Löffelbiskuits
300 ml kalter Espresso
1 unbehandelte Limette
500 g Mascarpone
3 EL Zucker
2 Schälchen frische Himbeeren
(à 125 g; ersatzweise tiefgekühlt)
100 g dunkle Schokolade
1 EL Kakaopulver

Den Boden einer großen Auflaufform mit der Hälfte der Löffelbiskuits belegen. Die Hälfte des Espressos löffelweise gleichmäßig darüberträufeln.

Die Limette waschen, trocken reiben und ein kleines Stück abschneiden. Etwas Limettenschale abreiben. Den Mascarpone mit Limettenschale und einigen Spritzern Limettensaft sowie dem Zucker glatt rühren. Die Hälfte vorsichtig auf die Löffelbiskuits verteilen. Die Himbeeren waschen und trocken tupfen. Die Hälfte der Himbeeren auf dem Mascarpone verteilen und etwas eindrücken.

Die dunkle Schokolade großzügig darüberreiben. Eine weitere Lage Löffelbiskuits daraufsetzen, erneut mit Espresso tränken, den restlichen Mascarpone darauf verteilen sowie mit der zweiten Hälfte Himbeeren garnieren. Wiederum großzügig dunkle Schokolade darüberraspeln und zum Schluss mit Kakao bestäuben. Das Himbeer-Tiramisu im Kühlschrank mindestens 3 Stunden kühlen lassen.

Koch *doch*. Pasta

Pasta

Spaghettinester
mit Langostinosauce

Zutaten für 2 Personen

8 große Langostinos
2 Schalotten
3 EL Olivenöl
1 EL Tomatenmark
100 ml Weißwein
250 ml Gemüsebrühe
2 Tomaten
1 Knoblauchzehe
1 Estragonstiel
Salz · schwarzer Pfeffer aus der Mühle
250 g Spaghetti
1 TL Butter
1 EL Alexanders Würzöl (siehe Seite 10)

Die Langostinos schälen. Die Schalen waschen und abtropfen lassen. Die Langostinos am Rücken entlang einschneiden und den schwarzen Darm entfernen. Die Langostinos waschen und abtropfen lassen.

Die Schalotten schälen und in Streifen schneiden. In 1 EL Olivenöl andünsten, die Langostinoschalen dazugeben und rösten. Das Tomatenmark hinzufügen und kurz mitrösten. Mit Weißwein ablöschen und die Brühe dazugießen. Die Tomaten waschen und in grobe Würfel schneiden. Die Knoblauchzehe andrücken. Den Estragonstiel waschen und trocken schütteln, die Blätter abzupfen, fein hacken und beiseitelegen. Tomaten, Knoblauch und den Estragonstiel zu den Langostinoschalen geben und die Sauce 20 Minuten köcheln lassen.

Die Sauce durch ein Sieb gießen und mit Salz und Pfeffer würzen. Noch mal aufkochen und 2 EL Olivenöl untermixen. Die Spaghetti nach Packungsanweisung in reichlich Salzwasser bissfest garen.

Während die Nudeln kochen, die Langostinoschwänze mit Salz und Pfeffer würzen, mit gehacktem Estragon bestreuen und bei kleiner Hitze in Butter braten.

Die Nudeln in ein Sieb abgießen, abtropfen lassen und zu kleinen Nestern aufdrehen. Die Nudeln in tiefe Teller verteilen und die Langostinosauce darübergeben. Die Langostinos daraufsetzen und mit Alexanders Würzöl beträufeln.

Mein Tipp

Dieses Gericht schmeckt auch sehr gut, wenn Sie statt Langostinos Riesengarnelen oder Flusskrebse verwenden.

Pasta

Linguine
mit Scampi-Bolognese

Zutaten für 2 Personen

10 Riesengarnelen (Seawater-Qualität; 8/12er-Größe)
4 EL Olivenöl
1 1/2 EL Tomatenmark
200 ml Weißwein
300 ml Brühe
2 Knoblauchzehen
4 Tomaten
300 g Linguine · Salz
1 kleine Zwiebel
6 Salbeiblätter
1/2 Bund Rucola
1 EL frisch geriebener Parmesan

Die Riesengarnelen schälen, am Rücken entlang einschneiden und den schwarzen Darm entfernen. Die Garnelen waschen, trocken tupfen und in sehr kleine Würfel schneiden. Die Schalen waschen, trocken tupfen und mit 1 EL Olivenöl in einem kleinen Topf bei mittlerer Hitze etwa 1 bis 2 Minuten anrösten.

Das Tomatenmark dazugeben und weiterrösten, bis sich am Topfboden braune Röststoffe bilden. Mit Weißwein ablöschen, die Brühe dazugießen und 1 angedrückte, ungeschälte Knoblauchzehe hinzufügen. Die Tomaten waschen, vierteln, dabei die Stielansätze entfernen. Die Tomaten ebenfalls dazugeben und zugedeckt 20 Minuten leicht köcheln lassen.

Die Linguine nach Packungsanweisung in reichlich Salzwasser sehr bissfest garen. Die Nudeln in ein Sieb abgießen und abtropfen lassen. Den Garnelensud in ein Sieb abgießen und mit einer Schöpfkelle die Schalen sowie die Tomaten gut ausdrücken. Es sollte ein sämiger Sud entstanden sein. Diesen erneut aufkochen, mit etwas Salz abschmecken, 2 EL Olivenöl hinzufügen und mit dem Pürierstab cremig aufmixen.

Die Zwiebel schälen und in sehr kleine Würfel schneiden. In 1 EL Olivenöl in einem kleinen, flachen Topf bei mittlerer Hitze langsam garen. Die restliche Knoblauchzehe schälen und in feine Scheiben schneiden. Die Garnelen mit den Knoblauchscheiben zu der Zwiebel geben, mit etwas Salz würzen und bei stärkerer Hitze gut anbraten. Die Garnelen dürfen etwas Röststoffe bilden.

Die Scampisauce dazugeben und einmal aufkochen lassen. Die Salbeiblätter waschen, trocken schütteln, fein hacken und ebenfalls hinzufügen. Die Nudeln in die Sauce geben, alles vermischen und weitere 2 Minuten ziehen lassen, sodass die Nudeln das Garnelenaroma gut aufnehmen können.

Den Rucola waschen, trocken schütteln und die harten Stiele entfernen. Die Nudeln auf 2 Teller verteilen, mit Parmesan bestreuen und mit Rucola garnieren.

Meine Spaghetti
aglio e olio

Zutaten für 2 Personen

300 g Spaghettoni (dicke Spaghetti) · Salz
2 Knoblauchzehen
1 große rote Chilischote
2 Rosmarinzweige
1 Frühlingszwiebel
4 EL Olivenöl
Meersalz
1 unbehandelte Limette
150 g griechischer Schafsjoghurt

Spaghettoni nach Packungsanweisung in reichlich Salzwasser bissfest garen.

Währenddessen 1 Knoblauchzehe schälen und in dünne Scheiben schneiden. Die Chilischote längs halbieren, Stielansatz und Kerne entfernen, die Schote waschen und in feine Streifen schneiden. Den Rosmarin waschen, trocken schütteln und die Nadeln abzupfen. Die Frühlingszwiebel putzen, waschen und in ganz feine Scheiben schneiden.

In einem weiten Topf oder einer Schmorpfanne das Olivenöl erhitzen. Knoblauch, Chilischote sowie den Rosmarin hineingeben und bei kleiner Hitze 2 bis 3 Minuten langsam braten, sodass der Knoblauch sowie die Chilischote weich sind und der Rosmarin schön knusprig wird.

Die Spaghettoni in ein Sieb abgießen, abtropfen lassen und sofort in die Pfanne zu Knoblauch, Chili und Rosmarin geben. Jetzt die Frühlingszwiebelscheiben darüberstreuen, gut durchschwenken, falls nötig, noch etwas Olivenöl darüberträufeln. Mit etwas grobem Meersalz bestreuen und auf 2 Tellern oder einer großen Platte verteilen.

Die Limette heiß waschen, abtrocknen und die Schale abreiben. Die Limette auspressen. Den Schafsjoghurt mit etwas Meersalz, Limettenschale und -saft leicht säuerlich abschmecken. Mehrere kleine Kleckse auf die heißen Spaghettoni geben und sofort servieren.

Mein Tipp

Der Limettenjoghurt ist in Verbindung mit den scharf gewürzten Spaghettoni eine willkommene Abwechslung für den Gaumen, denn er erfrischt und mindert die Chilinote.

Pasta

Makkaronitorte
mit Parmaschinken

Zutaten für 6 Personen

500 g Makkaroni · Salz
Butter für die Form
14 Scheiben Parmaschinken
3 Thymianzweige
200 g Sahne
4–5 Eier
1 Kugel Büffelmozzarella (125 g)
10 Cocktailtomaten (mit Grün)
1 Knoblauchzehe (ungeschält)
Meersalz
schwarzer Pfeffer aus der MÜhle
50 ml Olivenöl

Die Makkaroni nach Packungsanweisung in reichlich Salzwasser bissfest garen. Die Nudeln in ein Sieb abgießen und abtropfen lassen.

▼

Den Backofen auf 160 °C (Umluft) vorheizen. Eine Springform (20 cm Durchmesser) mit Butter einfetten. Den Boden und den Rand der Form mit Parmaschinken auskleiden. Die Makkaroni spiralförmig auf den Schinken legen. Thymian waschen, trocken schütteln, die Blätter abzupfen und hacken. Sahne, Eier, Thymian und Salz verrühren. Auf die Makkaroni gießen. Mozzarella in dünne Scheiben schneiden und darauflegen. Im vorgeheizten Ofen 35 Minuten backen, dann noch 10 Minuten bei 180 °C backen. Etwas abkühlen lassen. Die Torte aus der Form nehmen, in Stücke schneiden und auf eine runde Platte setzen.

▼

Die Tomaten waschen, mit dem angedrückten Knoblauch, Meersalz, Pfeffer und Olivenöl zugedeckt 15 Minuten bei kleiner Hitze schmoren. Dazu servieren.

Lasagne mit Ricotta
im Parmaschinkenmantel

Zutaten für 2–4 Personen

12 Lasagneblätter · Salz
30 schwarze Oliven
9 Thymianzweige
5 Eigelb
450 g Ricotta
Salz · schwarzer Pfeffer aus der Mühle
12 dünne Scheiben Parmaschinken
2 EL Olivenöl

Die Lasagneblätter nach Packungsanweisung in reichlich Salzwasser bissfest garen und in Eiswasser abschrecken. Auf ein Tuch legen und etwas trocken tupfen. Die Oliven entsteinen und in Würfel schneiden. Thymian waschen, trocken schütteln und die Blätter abzupfen. Beides mit den Eigelben, dem Ricotta sowie Salz und Pfeffer verrühren. Eine rechteckige Kuchen- oder Auflaufform mit Alufolie oder Backpapier auslegen, diese mit Olivenöl bestreichen und die Form mit Parmaschinken auslegen.

▼

Den Backofen auf 170 °C (Umluft) vorheizen. Die erste Schicht Nudeln in die Auflaufform legen, dabei darauf achten, dass die Nudelplatten so groß sind wie die Backform, sodass sich die Nudelplatten exakt hineinlegen lassen. 1 bis 2 EL Ricottamasse daraufgeben und darauf die nächste Schicht Lasagneblätter geben. So fortfahren, bis alle Lasagneblätter und der Ricotta aufgebraucht sind. Die Lasagne im vorgeheizten Ofen 20 Minuten backen. Bei Zimmertemperatur noch 2 Minuten ruhen lassen. Die Lasagne auf eine Platte stürzen, die Folie entfernen und die Lasagne mit einem scharfen Messer in Scheiben schneiden.

Pasta

Marinierte Penne
mit gerösteten Kastanien und Salami

Zutaten für 2 Personen

10–12 Esskastanien (in der Schale)
4–5 EL Olivenöl
250 g Penne · Salz
8 Stiele glatte Petersilie
½ unbehandelte Zitrone
300 ml Gemüsebrühe
1 Knoblauchzehe (ungeschält)
Meersalz · schwarzer Pfeffer aus der Mühle
½ kleiner knackiger Kopf Radicchio
80 g dünn geschnittene Mailänder Salami

Den Backofen auf 180 °C (Umluft) vorheizen. Die Schale der Esskastanien mit einem kleinen spitzen Messer etwa 3 cm lang kreuzweise einritzen. Auf ein Backblech geben und im Ofen etwa 25 Minuten rösten, bis die Schalen aufspringen. Die Kastanien 5 Minuten bei Zimmertemperatur abkühlen lassen und aus den Schalen lösen. Die Kastanien vierteln und in einer Pfanne in 1 EL Olivenöl bei mittlerer Hitze langsam braten. Auf Küchenpapier abtropfen lassen.

▼

Die Penne nach Packungsanweisung in reichlich Salzwasser sehr bissfest garen. Währenddessen die Petersilie waschen, trocken schütteln, die Blätter abzupfen und fein hacken.

▼

Die Zitrone heiß waschen, abtrocknen und die Schale abreiben. Die Zitrone auspressen. Die Gemüsebrühe aufkochen, 2 EL Olivenöl sowie die angedrückte Knoblauchzehe, die Petersilie, einige Spritzer Zitronensaft sowie die Zitronenschale dazugeben und mitkochen. Die Penne direkt aus dem Kochwasser in die Brühe geben, mit etwas Salz und schwarzem Pfeffer würzen und kurz weitergaren, bis die Nudeln den richtigen Biss haben. Dabei öfters schwenken, in eine Schüssel umfüllen und bei Zimmertemperatur 10 Minuten abkühlen lassen. Anschließend, falls nötig, mit Salz oder Pfeffer abschmecken. In ein Sieb abgießen und die Nudeln gut abtropfen lassen. Den Sud auffangen.

▼

Den Radicchio putzen und in feine Streifen schneiden, kurz in lauwarmes Wasser legen. In einem Sieb gut abtropfen lassen und auf einer großen Platte verteilen. Den abgetropften Nudelmariniersud und 1 bis 2 EL Olivenöl mit dem Pürierstab noch einmal aufmixen und über den Radicchio träufeln.

▼

Die Penne auf dem Radicchio anrichten und mit den hauchdünn geschnittenen Salamischeiben dekorativ belegen. Die gerösteten Kastanien darüberstreuen.

Mein Tipp

Wenn Sie sich die Mühe sparen wollen, die Kastanien zu rösten und zu schälen, können Sie auch bereits vorgegarte und geschälte Esskastanien kaufen.

Lasagne-Spinat-Rouladen
mit Gorgonzola

Zutaten für 2–4 Personen

8 Lasagneblätter · Salz
2 Handvoll Blattspinat
2 Schalotten
3–4 EL Olivenöl
1 EL Pinienkerne
2 Eigelb
1 TL Sesamsamen
150 g Gorgonzola
3 EL Semmelbrösel
1 rote Paprikaschote
2 Tomaten
4 Thymianzweige

Die Lasagneblätter nach Packungsanweisung in reichlich Salzwasser bissfest garen. In Eiswasser abschrecken und auf einem Tuch abtropfen lassen oder trocken tupfen.

▼

Den Spinat putzen und in reichlich Wasser gründlich waschen. In einem Sieb gut abtropfen lassen bzw. trocken schütteln. Die Schalotten schälen und in feine Würfel schneiden. In einem Topf in 1 EL Olivenöl glasig andünsten. Die Pinienkerne dazugeben und mitrösten, sodass sie von allen Seiten schön braun sind.

▼

Den Blattspinat hinzufügen, mit etwas Salz würzen, einmal durchrühren, sodass der Spinat in sich zusammenfällt. In ein Sieb abgießen und den Spinat etwas ausdrücken. Auf dem Schneidbrett fein hacken. Den Backofen auf 170 °C (Umluft) vorheizen.

Die Lasagneblätter ausbreiten, trocken tupfen und mit dem Eigelb großzügig bestreichen. Mit Sesam bestreuen. Den Blattspinat gleichmäßig auf die Blätter verteilen und von der schmalen Seite locker aufrollen. In jeweils 3 gleich große Stücke schneiden und die Nudelrouladen mit der Schnittseite nach oben in eine mit Olivenöl eingefettete Backform setzen.

▼

Den Gorgonzola in Stücke schneiden. Auf jede Roulade ein kleines Stück Gorgonzola legen, mit den Semmelbröseln bestreuen und mit 1 bis 2 EL Olivenöl beträufeln. Die Lasagnerouladen im vorgeheizten Ofen 12 bis 16 Minuten backen.

▼

In der Zwischenzeit die Paprika vierteln, entkernen und schälen. Die Tomaten waschen, vierteln, entkernen und den Stielansatz herausschneiden. Beides in ganz feine Würfel schneiden. Den Thymian waschen, trocken schütteln und die Blättchen abzupfen. Die Paprika in 1 EL Olivenöl bei mittlerer Hitze langsam schmoren und mit etwas Salz würzen. Die Tomatenwürfel und Thymianblättchen dazugeben und einmal kurz erhitzen.

▼

Die Spinatrouladen in der Form servieren und den Paprika-Tomaten-Sugo darüberträufeln.

Pasta

Farfalle
mit getrockneten Tomaten

Zutaten für 2 Personen

1 kleine Zwiebel
2 EL Olivenöl
12–15 getrocknete Tomaten
200 ml Gemüsebrühe
300 g Farfalle · Salz
1 EL kalte Süßrahmbutter
schwarzer Pfeffer aus der Mühle
1/2 Bund Basilikum
250 ml Milch
60 g frisch geriebener Parmesan
1 EL alter Aceto Balsamico
oder Alexanders Balsamicosirup (siehe Seite 11)

Die Zwiebel schälen, halbieren und in feine Streifen schneiden. In einen kleinen Topf mit 1 EL Olivenöl bei mittlerer Hitze ganz langsam andünsten. Währenddessen die getrockneten Tomaten mit einem scharfen Messer ebenfalls in feine Streifen schneiden. Zu den Zwiebeln geben, ganz kurz mit andünsten und mit der Brühe ablöschen bzw. auffüllen. Einmal aufkochen lassen und zugedeckt beiseitestellen.

▼

Die Farfalle nach Packungsanweisung in reichlich Salzwasser sehr bissfest garen. In ein Sieb abgießen und kurz abtropfen lassen. Die getrockneten Tomaten im Sud erneut erhitzen, die Farfalle dazugeben, unterrühren und noch etwas köcheln lassen. Die kalte Süßrahmbutter und 1 EL Olivenöl untermischen. Wichtig ist, dass die Butter dabei mit der Tomaten-Zwiebel-Brühe emulgiert und diese leicht sämig wird. Mit Salz und schwarzem Pfeffer abschmecken.

Das Basilikum waschen, trocken schütteln und die Blätter abzupfen. In feine Streifen schneiden und zum Schluss unter die Farfalle heben.

Die Milch aufkochen, mit 1 Prise Salz würzen, vom Herd nehmen, den Parmesan hineingeben, unterrühren und mit einem Pürierstab schaumig aufmixen. Die Nudeln auf eine große Platte oder zwei Teller verteilen und mit dem Balsamicosirup dekorativ beträufeln. Den Milchschaum vorsichtig abschöpfen, auf die Nudeln geben und sofort servieren.

Mein Tipp

Die restliche Parmesanmilch kann man mit etwas Toastbrot, Mandeln und Olivenöl mit dem Pürierstab zu einem Dip oder Brotaufstrich pürieren.

Pasta

Makkaroni-Speck-Törtchen
mit Orangen-Chicorée

Zutaten für 2 Personen

140 g lange Makkaroni · Salz
2 TL Butter
8 Scheiben dünner Speck (gekocht und geräuchert)
2 Eier
100 g Sahne
schwarzer Pfeffer aus der Mühle
50 g frisch geriebener Pecorino
1 Staude Chicorée
1 Orange
brauner Zucker
1 Schuss Weißwein
100 ml Orangensaft
3 Thymianzweige
1 EL alter Aceto Balsamico oder
Alexanders Balsamicosirup (siehe Seite 11)

Die Makkaroni nach Packungsanweisung in reichlich Salzwasser bissfest garen. In ein Sieb abgießen und nur abtropfen lassen, nicht mit Wasser abspülen oder mit Öl beträufeln. Die Nudeln sollten noch leicht aneinanderkleben.

▼

Zwei ofenfeste Kaffeetassen oder Auflaufförmchen mit 1 TL Butter einfetten, mit dem Speck auslegen, sodass der Rand sowie der Boden komplett mit dem Speck bedeckt sind. Die abgekühlten Makkaroni in so lange Stücke schneiden, dass sie senkrecht stehend die Tassen oder Auflaufförmchen ausfüllen. Makkaroni in die Tassen oder Förmchen verteilen. Den Backofen auf 210 °C (Umluft) vorheizen.

Die Eier mit der Sahne leicht verquirlen, mit etwas Salz und Pfeffer würzen und auf die Makkaroni gießen. Den Pecorino darübergeben und im vorgeheizten Ofen 25 Minuten backen.

▼

Vom Chicorée die äußeren Blätter entfernen, den Chicorée halbieren und den Strunk großzügig herausschneiden. Den Chicorée in breite Streifen schneiden und in lauwarmem Wasser 5 Minuten ziehen lassen, sodass die Bitterstoffe etwas herausgezogen werden.

▼

Die Orange mit einem langen dünnen Messer so schälen, dass auch die weiße Haut mit entfernt wird. Die Orangenfilets herausschneiden. 1 Prise braunen Zucker in einem kleinen Topf bei kleiner Hitze langsam karamellisieren lassen und mit Weißwein und Orangensaft ablöschen. Den Thymian waschen und trocken schütteln. Die restliche Butter und den Thymian in die Sauce geben und leicht sämig einköcheln lassen. Mit etwas schwarzem Pfeffer und 1 Prise Salz würzen.

▼

Den abgetropften Chicorée und die Orangenfilets hineingeben, einmal kurz durchrühren und nur so lange erhitzen, bis der Chicorée leicht zusammengefallen ist. Den Chicorée mit möglichst wenig Schmorsud auf Tellern anrichten. Die Makkaroni-Speck-Törtchen noch 3 Minuten ruhen lassen. Aus den Formen stürzen und in die Mitte der Teller setzen. Mit Aceto Balsamico oder Alexanders Balsamicosirup beträufeln.

Tagliatelle
mit Rotwein und geräucherter Gänsebrust

Zutaten für 2 Personen

1 rote Zwiebel
2 TL Butterschmalz
250 ml trockener Rotwein (kein Barrique)
100 ml Gemüsebrühe
1 Lorbeerblatt
1 Zimtstange
300 g Tagliatelle · Salz
¼ Kopf Blaukraut
½ TL Speisestärke
2 EL kalte Süßrahmbutter
schwarzer Pfeffer aus der Mühle
160 g dünn aufgeschnittene geräucherte Gänse- oder Entenbrust

Die Zwiebel schälen und in sehr feine Würfel schneiden oder hacken. In 1 TL Butterschmalz in einem kleinen Topf glasig dünsten. Mit Rotwein und Gemüsebrühe auffüllen, Lorbeerblatt und Zimtstange hinzufügen. Um zwei Drittel einkochen lassen. Lorbeerblatt und Zimtstange wieder entfernen.

▼

In der Zwischenzeit die Tagliatelle nach Packungsanweisung in reichlich Salzwasser bissfest garen. In ein Sieb abgießen und abtropfen lassen.

▼

Vom Blaukraut sehr großzügig den Strunk sowie die äußeren Blätter entfernen. Das Blaukraut in ganz feine Streifen schneiden, waschen, abtropfen lassen und in einer großen, flachen Pfanne in 1 TL Butterschmalz bei mittlerer Hitze 4 bis 5 Minuten leicht kross braten.

Die Speisestärke mit etwas kaltem Wasser verrühren. Die Rotweinreduktion aufkochen und die Speisestärke unterrühren. In die noch heiße, aber nicht mehr kochende Rotweinreduktion nach und nach die kalte Süßrahmbutter mit einem Schneebesen einrühren, sodass eine sämige Konsistenz entsteht. Falls nötig, einen kleinen Schuss Wasser dazugeben. Es sollte eine leicht rötliche, cremige Emulsion ergeben.

▼

Die noch heißen Tagliatelle hinzufügen, einmal durchschwenken, mit Salz und schwarzem Pfeffer würzen und auf 2 Teller verteilen. Das gebratene Blaukraut daraufgeben und mit den dünn aufgeschnittenen Scheiben geräucherter Entenbrust großzügig belegen. Sofort servieren.

Mein Tipp

Das Zusammenspiel der Aromen von Fleisch, der Rauchnote und Rotwein machen dieses Pastagericht zu einem »deutschen Klassiker«.

Pasta

Pappardelle
mit Feldsalat-Walnuss-Pesto

Zutaten für 2 Personen

1 Schale Feldsalat (150 g)
8–10 Walnusskerne
100 ml Sonnenblumenöl
5 Stiele glatte Petersilie
300 g Pappardelle · Salz
½ TL Kürbiskernöl
80 g cremiger Ziegenfrischkäse
Meersalz
schwarzer Pfeffer aus der Mühle

Den Feldsalat putzen und in reichlich kaltem Wasser gründlich waschen. Auf einem Sieb gut abtropfen lassen oder trocken schütteln. Die Walnüsse grob hacken und mit dem Sonnenblumenöl in einem Topf anrösten. Sofort in eine kleine Schüssel füllen und auf Zimmertemperatur abkühlen lassen. Die Petersilie waschen, trocken schütteln und die Blätter abzupfen.

▼

Die Pappardelle nach Packungsanweisung in reichlich Salzwasser bissfest garen. Währenddessen den Feldsalat mit der Petersilie, den Walnüssen samt Sonnenblumenöl in einen kleinen Mixer geben, mit Meersalz würzen und fein pürieren. Es sollte eine sämige, pestoähnliche Masse entstehen. Das Kürbiskernöl darunterrühren.

▼

Die Pappardelle auf 2 Teller bzw. einer Platte verteilen und großzügig mit dem Pesto beträufeln. Den Ziegenfrischkäse mit dem Meersalz und etwas schwarzem Pfeffer glatt rühren und auf die Pappardelle geben. Mit etwas Meersalz sowie schwarzem Pfeffer bestreuen und servieren.

Nudel-Spargel-Risotto
mit Steinpilzen, Salami und Pecorino

Zutaten für 3-4 Personen

400 g Nudeln in Reisform (z. B. Risoni) · Salz
250 g grüner Spargel
3 Schalotten
200 g Steinpilze
1 Rosmarinzweig · 1 Knoblauchzehe (ungeschält)
100 g Salami
2 EL Olivenöl
150 ml Weißwein
200–250 ml Gemüsebrühe
schwarzer Pfeffer aus der Mühle
1 ½ EL kalte Butter · 60 g Pecorino

Die Nudeln nach Packungsanweisung in reichlich Salzwasser sehr bissfest garen. Den Spargel nur im unteren Drittel schälen, die Enden abschneiden. Spargel waschen und in Scheiben schneiden. Die Schalotten schälen und in Würfel schneiden. Die Steinpilze putzen, trocken abreiben und in Scheiben schneiden. Rosmarin waschen und trocken schütteln. Den Knoblauch andrücken. Die Salami in Streifen schneiden.

▼

Die Schalotten in 1 EL Olivenöl andünsten und mit Weißwein ablöschen. Die Brühe, den Knoblauch, die Spargelscheiben und den Rosmarin hinzufügen und aufkochen. Die Nudeln dazugeben und fertig garen. Falls nötig, noch etwas Brühe dazugeben.

▼

Die Steinpilze in 1 EL Olivenöl in einer Pfanne braun braten, mit Salz und Pfeffer würzen. Die Butter und den Pecorino zum Risotto geben und alles cremig rühren. Mit Salz und Pfeffer abschmecken und die Salamistreifen dazugeben, mit Pecorino bestreuen. Die Steinpilze auf dem Risotto verteilen. Sofort servieren.

Pasta

Kross gebratener Zander
mit Rote-Bete-Nudelrisotto

Zutaten für 2 Personen

2 Zanderfilets (à 120 g; mit Haut)
Salz · schwarzer Pfeffer aus der Mühle
Mehl zum Bestäuben
1 TL Butterschmalz
200 g Nudeln in Reisform (z. B. Risoni)
1–2 vorgekochte Rote Bete
200 ml Gemüsebrühe
1 Spritzer Essig
1 EL kalte Süßrahmbutter
2 EL geschlagene Sahne
etwas frischer Meerrettich
10 Schnittlauchhalme

Die Zanderfilets auf Gräten kontrollieren und, falls nötig, entfernen. Die Haut der Zanderfilets in Abständen von 1 cm schräg einritzen. Die Filets auf beiden Seiten mit Salz und Pfeffer würzen und auf der Hautseite ganz leicht mit Mehl bestäuben. Die Zanderfilets bei mittlerer Hitze im Butterschmalz auf der Hautseite ganz langsam braten. Die Filets aus der Pfanne nehmen und mit der Hautseite nach oben auf einem Teller ruhen lassen.

▼

Die Nudeln in Reisform nach Packungsanweisung in reichlich Salzwasser sehr bissfest garen. In ein Sieb abgießen und abtropfen lassen.

▼

Die vorgekochten Roten Beten in feine Würfel schneiden. In einem kleinen Topf mit der Gemüsebrühe erwärmen und die Nudeln dazugeben. Mit Salz und Pfeffer würzen und mit Essig abschmecken. Noch etwas einkochen lassen, bis die Nudeln den perfekten Biss haben. Falls nötig, noch etwas Brühe hinzufügen. Die Butter in Flöckchen nach und nach unterrühren, sodass eine cremige Risottokonsistenz entsteht.

▼

Den sehr heißen Nudelrisotto auf 2 tiefe Teller verteilen, etwas geschlagene, mit Salz gewürzte Sahne daraufgeben. Den Zander mit der Hautseite nach oben auf den heißen Risotto legen, mit frisch geriebenem Meerrettich in Spänen sowie einigen Schnittlauchhalmen garnieren.

Mein Tipp

Braten Sie den Fisch auf der Hautseite zu drei Viertel und setzen ihn auf den heißen Nudelrisotto. Durch die Hitze zieht er noch und wird perfekt glasig.
Statt Zander kann man auch Forelle oder Saibling verwenden.

Lachsminestrone
mit Tomaten und weißen Bohnen

Zutaten für 2 Personen

4 Scheiben Lachsfilet (à 60 g; ohne Haut und Gräten)
Salz · schwarzer Pfeffer aus der Mühle
1/2 Zitrone
3 EL Olivenöl
1 Schalotte
50 g italienischer Speck
400 ml Gemüsebrühe
70 g kleine Suppennudeln
1 Rosmarinzweig
4 Stiele glatte Petersilie
2 Tomaten
80 g weiße Bohnen (aus dem Glas oder der Dose)

Die Lachsstücke auf beiden Seiten mit Salz und Pfeffer würzen. Die Zitrone auspressen. Den Lachs mit Zitronensaft beträufeln und mit 1 EL Olivenöl auf allen Seiten bestreichen. Jeweils 2 Lachsfilets in 2 tiefen Tellern flach auslegen und bei Zimmertemperatur marinieren lassen.

Die Schalotte schälen und in feine Würfel schneiden. Den Speck in feine Würfel schneiden. Beides in einem kleinen Topf in 1 EL Olivenöl andünsten, mit der Gemüsebrühe aufgießen und die Suppennudeln dazugeben. Einen Deckel daraufsetzen und langsam köcheln lassen, bis die Nudeln fertig sind.

In der Zwischenzeit den Rosmarin und die Petersilie waschen und trocken schütteln. Die Rosmarinnadeln und die Petersilienblätter abzupfen und beides fein hacken. Die Tomaten waschen, vierteln, entkernen und den Stielansatz herausschneiden. Das Fruchtfleisch in sehr feine Würfel schneiden.

Die weißen Bohnen in ein Sieb geben und mit lauwarmem Wasser gut abspülen. Alles zu der Minestrone geben, mit Salz und Pfeffer abschmecken. Erneut 1 bis 2 Minuten leicht köcheln lassen. Mit 1 EL Olivenöl abrunden und kochend heiß auf die Lachsfilets verteilen. 2 bis 3 Minuten ziehen lassen. Die Hitze der kochend heißen Minestrone reicht aus, um den Lachs glasig und saftig zu garen. Gleichzeitig gibt das Fischfilet sein Lachsaroma an die Minestrone ab.

Mein Tipp

Besonders gut passt statt Lachs- auch Wolfsbarsch- oder Dorschfilet. Außerdem kann man die Minestrone noch mit etwas Pesto abrunden.

Koch doch.
Genießen mit Freunden

Genießen mit Freunden

Süß-saure Pilze in der Ofentomate
mit Speckschnitzel

Zutaten für 6 Personen

6 Strauchtomaten
2 Schalotten
70 g Butterschmalz
je 80 g Champignons, Austernpilze und Egerlinge
½ TL brauner Zucker
1 Schuss Aceto Balsamico
1 EL Mehl
2 EL Semmelbrösel
1 Ei
5 Scheiben Wammerl (gekocht und geräuchert; 2 mm dick)

Die Strauchtomaten mit Grün kurz in kochendem Wasser blanchieren, in kaltem Wasser abschrecken und häuten. Jeweils einen Deckel mit Grün abschneiden. Die Tomaten entkernen und beiseitestellen.

Den Backofen auf 160 °C (Umluft) vorheizen. Die Schalotten schälen und in Würfel schneiden. Im Butterschmalz andünsten. Die Pilze putzen, trocken abreiben und in Stücke schneiden. Zu den Schalotten geben und kurz mitbraten. Den braunen Zucker hinzufügen, karamellisieren lassen und mit Balsamico ablöschen. Die Pilzmasse in die Tomaten füllen, die Deckel daraufsetzen und im vorgeheizten Ofen 8 bis 10 Minuten fertig garen.

Mehl und Semmelbrösel getrennt auf Teller verteilen. Das Ei in einem Teller aufschlagen. Die Speckscheiben zuerst rundum im Mehl wenden, dann durch das Ei ziehen und zum Schluss in den Semmelbröseln wenden. Butterschmalz in einer Pfanne erhitzen und den Speck darin kross braten. Die Speckschnitzel zu den Tomaten servieren.

Mein Tipp

Das Zusammenspiel der unterschiedlichen Aromen – die knusprigen Speckschnitzel, die fruchtigen Tomaten mit den herzhaft süßlichen Pilzen – ist ein Hochgenuss. Und dekorativ angerichtet, sprechen sie alle Sinne an.

Sautierte Wildwassergarnelen
mit Sesam und Romanasalat

Zutaten für 6 Personen

200 ml Milch
8 Thymianzweige
Meersalz
24 Wildwassergarnelen (8/12er-Größe)
6 kleine Romanasalatherzen
1 EL Alexanders Würzöl (siehe Seite 10)
Salz
1 EL Butter
1 TL Sesamsamen
1 TL Olivenöl
schwarzer Pfeffer aus der Mühle

Die Milch aufkochen und beiseiteziehen. Den Thymian waschen und trocken schütteln. Die Milch mit etwas Meersalz würzen, den Thymian hinzufügen und 5 Minuten ziehen lassen.

▼

Die Garnelen schälen, am Rücken entlang einschneiden und den schwarzen Darm entfernen. Die Garnelen waschen und gründlich trocken tupfen. Der Länge nach halbieren.

▼

Die Salatherzen in feine Streifen schneiden. In einer großen Pfanne das Würzöl erhitzen, die Garnelen dazugeben und mit 1 Prise Salz würzen. Bei mittlerer Hitze rasch anbraten. Die Butter sowie den Sesam hinzufügen und bei mittlerer Hitze unter Rühren bzw. Schwenken etwa 45 Sekunden braten. Auf einen Teller geben und kurz ruhen lassen. Die Garnelen sollten ruhig noch etwas glasig sein. Sie ziehen auf dem Teller nach.

Das Olivenöl in die Pfanne geben und kurz erwärmen. Den Salat dazugeben und 1 Minute bei mittlerer Hitze langsam braten, mit etwas Salz und Pfeffer würzen. Den Salat auf 2 Teller verteilen, die Garnelen mit dem entstandenen Sud dekorativ darauf verteilen.

▼

Die Thymianzweige aus der Milch entfernen und die Milch mit dem Pürierstab schaumig aufmixen. Den Milchschaum abschöpfen, in die Mitte der Teller auf die Garnelen geben und sofort servieren.

Mein Tipp

Auch zarte Kopfsalatherzen eignen sich als feine Grundlage für die Wildwassergarnelen. Den Kopfsalat dafür zubereiten wie oben beschrieben.

Gebratene Wildwassergarnelen
mit Gurken-Safran-Nudeln

Zutaten für 6 Personen

24 Wildwassergarnelen (8/12er-Größe)
2 Salatgurken
2 EL Crème fraîche
½ Päckchen Safranfäden
Salz · schwarzer Pfeffer aus der Mühle
2 TL Butterschmalz
8 Thymianzweige
2 Knoblauchzehen (ungeschält)

Die Garnelen schälen, am Rücken entlang einschneiden und den schwarzen Darm entfernen. Die Garnelen waschen und gründlich trocken tupfen. Der Länge nach halbieren.

Die Gurken schälen, das Fruchtfleisch mit dem Sparschäler in langen Streifen abziehen. Mit der Crème fraîche und den Safranfäden in einen kleinen Topf geben. Mit Salz und etwas Pfeffer würzen und bei mittlerer Hitze leicht erwärmen. Die Gurken dürfen nicht kochen, sondern nur leicht heiß werden. So fallen sie zwar zusammen, bleiben aber bissfest. Die Gurken mit einer Fleischgabel wie Spaghetti zu Nestern aufrollen und auf Teller setzen.

In einer großen Pfanne das Butterschmalz erhitzen. Die Garnelen mit Salz und Pfeffer würzen und in die Pfanne geben. Thymian waschen und trocken schütteln. Die Knoblauchzehen andrücken und mit dem Thymian zu den Garnelen geben.

Die Garnelen bei mittlerer Hitze braten und dabei häufig wenden oder die Pfanne schwenken. Die Garnelen auf den Gurkenstreifen anrichten.

Mein Tipp

Die Garnelen schmecken noch intensiver, wenn man 1 EL Alexanders Würzöl (siehe Seite 10) ganz zum Schluss dazugibt.

Roh marinierter Wolfsbarsch
mit geraspeltem Gurkensalat und Brotsticks

Zutaten für 6 Personen

½ Salatgurke
Salz · schwarzer Pfeffer aus der Mühle
1 unbehandelte Zitrone
130 g Sauerrahm
1 großes Wolfsbarschfilet (ca. 500 g)
1 Bund Kerbel
1 Spritzer Noilly Prat (franz. Wermut)
3–4 EL Rapsöl
4 dicke Scheiben Graubrot
1 EL Knoblauchöl (siehe Tipp)

Die Gurke schälen, entkernen und raspeln. Mit Salz und Pfeffer würzen. Die Zitrone heiß waschen und abtrocknen. Die Schale abreiben. Die Gurkenraspel mit dem Sauerrahm und etwas Zitronensaft vermischen und 10 Minuten marinieren.

▼

Das Wolfsbarschfilet mit einem langen, großen Messer in hauchdünne Scheiben schneiden. Mit Salz und Pfeffer würzen. Kerbel waschen, trocken schütteln, die Blätter abzupfen und hacken. Kerbel mit Zitronenschale, Noilly Prat und Rapsöl vermischen. Den Wolfsbarsch damit bestreichen oder beträufeln und 8 Minuten marinieren.

▼

Den Backofen auf 180 °C (Umluft) vorheizen. Die Graubrotscheiben in längliche, nicht zu dünne Sticks schneiden und mit etwas Knoblauchöl beträufeln. Im vorgeheizten Ofen 6 Minuten rösten.

Den Gurkensalat etwas ausdrücken, den Marinierfond auffangen. Den Gurkensalat in kleine Schälchen füllen oder auf einer Platte kleine Häufchen verteilen. Den Wolfsbarsch dekorativ darum herum legen.

▼

Den Gurken-Marinierfond mit dem Pürierstab schaumig aufschlagen und auf den Gurken verteilen. Die Brotsticks dazulegen und mit Kerbel dekorieren.

Mein Tipp

So bereiten Sie Knoblauchöl zu: In 100 ml Olivenöl 2 geschälte Knoblauchzehen geben und 1 bis 2 Tage darin ziehen lassen. Ergibt etwa 10 EL Knoblauchöl.

Genießen mit Freunden

Lachs mit Basilikum geschmort
und Linsen-Tomaten-Salat

Zutaten für 6 Personen

2 EL Olivenöl
2 Schalotten
1 Mittelstück einer Lachsseite
(700 g; mit Haut; küchenfertig)
Meersalz
6 Basilikumstiele
6 Strauchtomaten
200 g Linsen
schwarzer Pfeffer aus der Mühle
1 unbehandelte Zitrone
1–2 EL Alexanders Würzöl (siehe Seite 10)

Einen hohen Bräter mit passendem Deckel bei mittlerer Hitze leicht heiß werden lassen, das Olivenöl hineingeben. Die Schalotten schälen und in feine Streifen schneiden. Den Lachs mit der Hautseite nach unten in den Bräter legen. Den Lachs auf der Fleischseite mit Meersalz würzen. Das Basilikum waschen und trocken schütteln. Die Schalotten auf dem Lachs verteilen und mit den Basilikumstielen belegen.

▼

Einen Deckel auf den Bräter legen und bei kleiner bis mittlerer Hitze langsam garen, d.h., der Lachs sollte nur leicht brutzeln. Nach etwa 7 bis 10 Minuten ist der Lachs fertig, er kann in der Mitte noch leicht glasig sein. Beiseitestellen und 2 Minuten ruhen lassen.

▼

Die Tomaten kurz in kochendem Wasser blanchieren, in eiskaltem Wasser abschrecken und häuten. Die Stielansätze entfernen und die Tomaten entkernen. Die Tomaten in feine Würfel schneiden.

Die Linsen, wenn möglich, am Vortag mit kaltem Wasser bedecken. In kochendem Wasser weich garen, abgießen und noch lauwarm mit den Tomaten vermischen. Mit Meersalz und Pfeffer würzen. Die Zitrone heiß waschen, abtrocknen und die Schale abreiben. Die Linsen mit etwas Zitronensaft und -schale sowie dem Würzöl marinieren. Den lauwarmen Linsen-Tomaten-Salat auf einer großen Platte verteilen.

Die Basilikumstiele vom Lachs entfernen und den Lachs vorsichtig mit einem Löffel in Stücke teilen. Den Lachs ohne Haut mit den Schalotten auf dem Linsen-Tomaten-Salat verteilen und sofort servieren.

Zander à la Bouillabaisse
in der Folie geschmort

Zutaten für 6 Personen

6 Tomaten
1 Knoblauchzehe
Meersalz
2 Stiele Fenchelgrün
6 Zanderfilets (à 120 g; ohne Haut)
Salz · schwarzer Pfeffer aus der Mühle
½ Päckchen Safranfäden
18 halbierte schwarze Oliven (ohne Stein)
3 EL Olivenöl

Die Tomaten kurz in kochendem Wasser blanchieren, in eiskaltem Wasser abschrecken und häuten. Die Tomaten vierteln, den Stielansatz herausschneiden und entkernen.

▼

Sechs DIN-A4-große Bogen Alufolie ausbreiten und jeweils vier Tomatenviertel darauflegen. Die Knoblauchzehe schälen und in feine Scheiben schneiden. Auf die Tomaten legen und mit Meersalz würzen. Das Fenchelgrün waschen, trocken schütteln, von den Stielen zupfen und grob hacken.

▼

Den Backofen auf 150 °C (Umluft) vorheizen. Die Zanderfilets mit Salz und Pfeffer würzen, auf beiden Seiten mit dem Fenchelgrün bestreuen, etwas festdrücken und auf die Tomaten setzen. Die Safranfäden darüberstreuen und die Oliven darauflegen. Mit Olivenöl beträufeln, die Seiten der Alufolie nach oben ziehen und über dem Fisch fest zusammenfalten, sodass kein Aroma entweichen kann. Die Alufolie sollte den Fisch nicht zu fest umhüllen, damit sich noch Dampf entwickeln kann.

Die Fischpäckchen im vorgeheizten Ofen etwa 10 bis 14 Minuten schmoren. Noch 2 Minuten ruhen lassen. Zum Servieren die Päckchen am Tisch öffnen. Mit Brot, am besten Ciabatta-Brot, genießen.

Mein Tipp
Auch Wolfsbarsch, Dorade, Seeteufel und Forelle lassen sich auf diese Weise vorbereiten. Besonders raffiniert wird's, wenn Sie noch ein paar Riesengarnelen dazugeben.

Genießen mit Freunden

Peperoni-Polenta-Törtchen
mit Rotwein-Sabayon

Zutaten für 6–10 Personen

3 Schalotten
1 grüne Paprikaschote
1–2 grüne Peperoni
1 Rosmarinzweig
5 Stiele glatte Petersilie
5–6 EL Olivenöl
1 l Gemüsebrühe
240 g Instantpolenta
6 EL frisch geriebener Parmesan
2 EL kalte Süßrahmbutter
Salz · schwarzer Pfeffer aus der Mühle
500 ml Rotwein
1 Lorbeerblatt
½ Zimtstange
1 TL Alexanders Brühpulver (siehe Seite 13)
2 Eier · 1 Eigelb

2 Schalotten schälen und in feine Würfel schneiden. Die Paprika vierteln, entkernen, schälen und in feine Würfel schneiden. Die Peperoni der Länge nach halbieren, entkernen und in feine Würfel schneiden. Den Rosmarin waschen und trocken schütteln. Die Nadeln abzupfen und fein hacken. Die Petersilie waschen, trocken schütteln und die Blätter abzupfen. Ebenfalls fein hacken.

2 EL Olivenöl in einem Topf erhitzen. Die Schalotten darin andünsten, mit der Brühe aufgießen und aufkochen lassen. Peperoni, Paprika und Rosmarin dazugeben und die Instantpolenta einrieseln lassen. Dabei ständig rühren. Die Polenta 1 bis 1½ Minuten leicht köcheln lassen, bis sie anfängt zu quellen. Zugedeckt beiseite stellen und 10 Minuten quellen lassen. Die Polenta erneut erwärmen und mit 4 EL geriebenem Parmesan, der gehackten Petersilie und 2 EL Olivenöl sowie der Süßrahmbutter, Salz und schwarzem Pfeffer cremig rühren. Ein tiefes Backblech mit etwas Olivenöl einpinseln. Die Polenta daraufgeben, mit einer Palette oder Ähnlichem glatt streichen und die Oberfläche ebenfalls mit Olivenöl einpinseln. 1 Stunde bei Zimmertemperatur abkühlen lassen und 4 bis 5 Stunden im Kühlschrank kalt stellen.

Den Backofen auf 180 °C (Umluft) vorheizen. Aus der Polenta mit einem runden Ausstecher (Durchmesser 6–7 cm) mehrere kleine Törtchen ausstechen. Auf ein leicht geöltes Backblech setzen und mit 2 EL geriebenem Parmesan bestreuen. Die Polenta im Ofen 5 bis 8 Minuten gratinieren.

Für die Rotwein-Sabayon 1 Schalotte schälen und in Streifen schneiden. Den Rotwein mit der Schalotte, dem Lorbeerblatt und der Zimtstange etwa um die Hälfte einköcheln lassen. In ein Sieb abgießen und mit etwas Salz und Pfeffer würzen. Das Brühpulver unterrühren. Rotwein abkühlen lassen.

Eier und Eigelb in einer Schlagschüssel verquirlen und den kalten Rotwein daraufgießen. Im heißen Wasserbad zu einer cremigen Sabayon aufschlagen. Die Polentatörtchen auf eine große Platte oder Teller verteilen und die warme Rotwein-Sabayon sofort daraufgeben. Achtung: Die Sabayon auf keinen Fall in der Schlagschüssel stehen lassen, denn die Schüssel hat genügend Hitze, sodass das Ei am Schlagkesselboden gerinnt. Falls nötig, in eine leicht erwärmte Schüssel oder Ähnliches umfüllen.

Genießen mit Freunden

Kalbskotelett mit Paprikaöl
am Stück gebraten

Zutaten für 4–6 Personen

1 kg Kalbskotelett am Stück
(mit geputztem Kotelettknochen)
Salz · schwarzer Pfeffer aus der Mühle
8 EL Olivenöl
1 EL Paprikapulver
1 Bund Thymian
500 g Blattspinat
3 Schalotten
3 Knoblauchzehen
2 EL Butter
Alexanders Kräutersalz (siehe Seite 12)

Den Backofen auf 140 °C (Umluft) vorheizen. Das Kalbskotelettstück mit Salz und Pfeffer würzen und in einem großen Bräter in 2 EL Olivenöl zunächst auf der Fleischseite, dann rundherum anbraten. Das Kotelett auf die Knochenseite drehen und mit dem heißen Olivenöl löffelweise begießen, sodass das Fleisch ringsherum Hitze bekommt. Das Kalbslkotelett auf der Knochenseite im vorgeheizten Backofen 70 bis 90 Minuten garen.

Das Paprikapulver mit 6 EL Olivenöl, Salz und Pfeffer verrühren. Den Thymian waschen, trocken schütteln und am Stiel mit Küchengarn zusammenbinden, sodass man eine Art Pinsel erhält. Den Thymianpinsel in das Paprikaöl tauchen und das Kalbskotelett während des Garens immer wieder damit bestreichen. Den Thymianpinsel zwischendurch im Öl liegen lassen, so gibt der Thymian sein Aroma an das Öl ab.

Den Blattspinat putzen, die harten Stiele abschneiden, die Blätter gründlich waschen und in kochendem Wasser 10 Sekunden blanchieren, in Eiswasser abschrecken und abtropfen lassen. Die Schalotten schälen, in sehr feine Streifen schneiden. Die Knoblauchzehen schälen und ebenfalls in feine Scheiben schneiden. Die Butter erhitzen und die Schalotten und den Knoblauch darin andünsten. Den Blattspinat dazugeben, alles einmal verrühren, mit Salz und Pfeffer kräftig würzen und auf eine große Platte verteilen.

▼

Die Backofentemperatur in den letzten 5 Minuten der Garzeit des Koteletts auf 180 °C erhöhen. Das rosa gegarte Kalbskotelett aus dem Backofen nehmen, 3 Minuten ruhen lassen und mit einem scharfen Messer in einzelne Kotelettstücke teilen. Mit Alexanders Kräutersalz bestreuen. Das Kalbskotelett mit dem Spinat servieren.

Mein Tipp

Dieses wunderbar aromatische Kotelett ist mit dem Spinat allein ein Hochgenuss. Wer mag, kann aber auch Brot, Kartoffeln oder Pasta als Beilage dazu servieren.

Rinderrücken mit Kräutern rosa gebraten
und Rotweinzwiebeln

Zutaten für 6–8 Personen

800 g Roastbeef
Salz · schwarzer Pfeffer aus der Mühle
2–3 EL Olivenöl
4 Rosmarinzweige
10 Thymianzweige
3 Basilikumstiele
6 Stiele glatte Petersilie
½ geschälte Knoblauchzehe
10–12 rote Zwiebeln
400 ml kräftiger Rotwein (kein Barrique)
1 Lorbeerblatt
2 TL Alexanders Brühpulver (siehe Seite 13)
60–70 g kalte Süßrahmbutter
1 TL Meersalz

Den Backofen auf 90 °C (Umluft) vorheizen. Das Roastbeef mit Salz und Pfeffer auf beiden Seiten würzen. In einem Bräter in 1 EL Olivenöl auf allen Seiten leicht braun anbraten, auf einen Teller legen und kurz beiseitestellen. Einen etwa DIN-A3-großen Bogen Alufolie zurechtschneiden.

Die Kräuter waschen und trocken schütteln. Die Hälfte der Kräuter auf der Alufolie verteilen, das Roastbeef darauf setzen. Die Knoblauchzehe in 3 bis 4 kleine Scheiben schneiden und das Roastbeef damit belegen. Mit 1 EL Olivenöl beträufeln und die restlichen Kräuter daraufgeben. Die Alufolie nicht zu straff verschließen. Das Roastbeef im vorgeheizten Ofen auf dem Ofengitter in der Mitte des Backofens etwa 2 Stunden rosa garen.

Die Zwiebeln schälen, in feine Streifen schneiden und in einem kleinen, flachen Topf in 1 TL Olivenöl andünsten. Leicht salzen, mit dem Rotwein aufgießen, das Lorbeerblatt hinzufügen und bei mittlerer Hitze unter Rühren um drei Viertel einkochen lassen. Das Lorbeerblatt entfernen und die Zwiebeln mit dem Brühpulver, Salz und schwarzem Pfeffer abschmecken. Die kalte Butter flöckchenweise in die heißen, aber nicht kochenden Rotweinzwiebeln rühren.

Den Rinderrücken aus dem Ofen nehmen, aus der Alufolie wickeln, die Kräuter entfernen und den Rinderrücken in fingerdicke Scheiben schneiden. Sofort servieren, mit Meersalz und schwarzem Pfeffer bestreuen und die Rotweinzwiebeln daneben anrichten. Als Beilage empfiehlt sich getrüffelter Kartoffelstampf aus dem Ofen von Seite 132.

Mein Tipp

Wenn Sie ein Fleischthermometer besitzen, am besten ein digitales, können Sie die Kerntemperatur des Fleischs gut messen. Bei 55 °C wird das Fleisch wunderbar rosa. Möchte man es etwas blutiger, sollte die Temperatur 52 °C betragen. Bei 58 bis 62 °C ist das Fleisch eher durchgebraten.

Genießen mit Freunden

Hackfleischpralinen
mit Basilikum-Sauerrahm-Dip

Zutaten für 6 Personen

300 g gemischtes Hackfleisch
Salz · schwarzer Pfeffer aus der Mühle
2 Petersilienstiele
1 Ei
½ TL Paprikapulver
300 g Filoteig
400 g Butterschmalz
½ unbehandelte Orange
10 Basilikumblätter
200 g Sauerrahm
1 TL frisch gehackter Ingwer

Das Hackfleisch mit Salz und Pfeffer würzen. Die Petersilie waschen, trocken schütteln, die Blätter abzupfen und hacken. Petersilie, Ei und Paprikapulver zum Hackfleisch geben und alles gründlich vermischen. Aus dem Hackfleisch kleine Bällchen in der Größe von Pralinen rollen.

Den Filoteig ausbreiten und in feine Streifen schneiden. Die Hackfleischpralinen mit dem Filoteig umwickeln. Das Butterschmalz erhitzen und die Hackfleischpralinen darin ausbacken. Auf Küchenpapier abtropfen lassen.

Die Orange heiß waschen, trocken tupfen und die Orangenschale abreiben. Basilikum waschen, trocken schütteln und die Blätter hacken. Den Sauerrahm mit der Orangenschale, dem Basilikum und dem gehackten Ingwer verrühren. Mit Salz würzen. Den Sauerrahm-Dip zu den Hackfleischpralinen servieren.

Kasslerröllchen
mit Salsa verde

Zutaten für 6 Personen

10 Stangen grüner Spargel
Salz
1 Salatgurke
2 rote Paprikaschoten
30 dünne Kasslerscheiben
3 grüne Paprikaschoten
8 Stiele glatte Petersilie
½ Knoblauchzehe (geschält)
1 Ei
6 eingelegte Kapern
3–6 EL Olivenöl

Den Spargel nur im unteren Drittel schälen und die Enden abschneiden. Den Spargel in Salzwasser bissfest blanchieren, in kaltem Wasser abschrecken und abtropfen lassen. Den Spargel quer halbieren. Die Gurke putzen, waschen, der Länge nach halbieren, entkernen und in Stifte schneiden. Die roten Paprikaschoten halbieren, entkernen, waschen und in Streifen schneiden.

Die Kasslerscheiben jeweils mit Spargel, Gurkensticks und roten Paprikastreifen belegen und aufrollen.

Die grünen Paprikaschoten schälen, halbieren, entkernen, waschen und in Stücke schneiden. Die Petersilie waschen, trocken schütteln und die Blätter abzupfen. Die Knoblauchzehe klein schneiden. Das Ei hart kochen, schälen und klein hacken. Paprika, Petersilie, Knoblauch, Kapern und Olivenöl vermischen, mit Salz würzen und mit dem Pürierstab fein mixen. Das Ei unterrühren. Die Salsa verde zu den Kasslerröllchen servieren.

Genießen mit Freunden

Caesarsalat
mit Parmesandressing

Zutaten für 6 Personen

1–2 große Köpfe Romanasalat
300 ml Milch
1 Knoblauchzehe
35 g Gorgonzola
120 g frisch geriebener Parmesan
3 EL Olivenöl
24 Scheiben Frühstücksspeck
6 Toastbrotscheiben
2 EL Butter
Salz · schwarzer Pfeffer aus der Mühle

Vom Romanasalat die äußeren Blätter großzügig entfernen, den Salat halbieren, den Strunk herausschneiden und den Salat in breite Streifen schneiden oder in grobe Blätter zupfen. In kaltem Wasser kurz waschen, gründlich abtropfen lassen oder trocken schleudern. Auf einer großen Platte locker verteilen.

▼

Die Milch erwärmen. Die Knoblauchzehe schälen und in feine Scheiben schneiden. In die Milch geben. Gorgonzola, geriebenen Parmesan sowie das Olivenöl hinzufügen und bei mittlerer Hitze 1 bis 2 Minuten schmelzen lassen. Dabei alles mit dem Schneebesen gut verrühren. Die Milch beiseitestellen und mit dem Pürierstab mixen. In eine Schüssel füllen und bei Zimmertemperatur abkühlen lassen.

▼

Den Backofen auf 160 °C (Umluft) vorheizen. Den Frühstücksspeck auf das Ofengitter legen und ein Abtropfblech darunterschieben. Den Frühstücksspeck auf der mittleren Schiene 6 bis 8 Minuten im vorgeheizten Ofen knusprig rösten. Den Speck etwas abkühlen lassen.

In der Zwischenzeit vom Toastbrot die Rinde abschneiden und das Toastbrot in Würfel schneiden. Die Butter in einer Pfanne erhitzen und das Toastbrot darin unter Schwenken goldbraun braten. Auf Küchenpapier gut abtropfen lassen.

Das Parmesandressing gleichmäßig über den Romanasalat träufeln. Die Croûtons und den lauwarmen knusprigen Speck darauflegen und den Salat möglichst sofort servieren.

Mein Tipp

Das ist meine Variante des Caesarsalats. Im Original werden noch Sardellenfilets unter das Dressing gemischt.
Benannt ist der Salat nach seinem Erfinder Caesar Cardini, der ihn in den 20er-Jahren des vorigen Jahrhunderts in seinem italienischen Restaurant im mexikanischen Städtchen Tijuana (nahe der Grenze zu den Vereinigten Staaten) erfunden hat.

Hamburger
at its best

Zutaten für 6 Personen

6 Hamburger-Brötchen mit Sesam
2 EL weiche Butter
700 g Roastbeef (vom Metzger durch den Wolf drehen lassen)
Salz · schwarzer Pfeffer aus der Mühle
1 EL Butterschmalz
2 Tomaten
2 rote Zwiebeln
½ Kopf Eisbergsalat
1 TL geriebener Meerrettich
6 EL Mayonnaise
6 EL Ketchup

Den Backofen mit Grillfunktion vorheizen. Die Hamburger-Brötchen halbieren und die Innenseiten mit der Butter gleichmäßig dünn bestreichen. Mit der Butterseite nach oben auf ein Backblech legen und im Backofen knusprig rösten.

Den Backofen auf 150 °C (Umluft) vorheizen. Für die Hamburger die Roastbeef-Masse in 6 Portionen teilen. Mit angefeuchteten Händen lockere, gleichmäßig große Küchlein formen. Etwas flach drücken und auf beiden Seiten mit Salz und Pfeffer würzen. In einer großen Pfanne im Butterschmalz nach und nach auf beiden Seiten schön braun braten. Auf eine große ofenfeste Platte geben und im Ofen 3 bis 5 Minuten fertig garen.

Die Tomaten waschen, halbieren, dabei die Stielansätze herausschneiden und die Tomaten in Scheiben schneiden. Die Zwiebeln schälen und in ganz dünne Scheiben schneiden. Den Eisbergsalat putzen, d.h., die äußeren Blätter entfernen, den Strunk herausschneiden und die Blätter ablösen. Den Salat in kaltem Wasser kurz waschen. Den Meerrettich mit der Mayonnaise verrühren.

Die Hamburger-Brötchen mit je 1 bis 2 Blättern Eisbergsalat belegen. Die Mayonnaise und den Ketchup darauf verteilen. Die Tomatenscheiben darauflegen und zum Schluss die Zwiebelscheiben. Die Hamburger auf die Hälfte der Brötchen legen und mit den anderen Brötchenhälften bedecken. Sofort servieren.

Mein Tipp

Wichtig ist, dass das durchgedrehte Roastbeef nicht verknetet wird, sondern ganz locker geformt wird. Natürlich kann man auch Rinderhackfleisch für die Hamburger verwenden. Der leicht höhere Fettgehalt geht aber zu Lasten des Geschmacks. Die Hamburger werden dann auch nicht so zart.

Genießen mit Freunden

Chicken Wings »Barbecue Style«
mit Schmorhähnchen-Gewürzmischung

Zutaten für 6 Personen

30 Hähnchenflügel
Salz
Mehl zum Bestäuben
100 g Butterschmalz
2 EL gesalzene Rauchmandeln
1 EL Paprikapulver
1 TL Cayennepfeffer
1 TL getrocknete rote Pfefferbeeren
1 EL getrocknete Petersilie
1 TL getrockneter Thymian
Salz
150 g weiche Butter

Die Hähnchenflügel mit 2 bis 4 EL der Schmorhähnchen-Gewürzpaste bestreichen und im vorgeheizten Ofen 6 bis 8 Minuten fertig garen. Dazu passen die selbst gemachten Kartoffelchips und der Ofentomaten-Dip von Seite 150.

Die Hähnchenflügel waschen und trocken tupfen. Mit einem scharfen Messer oder einer Geflügelschere am Gelenk teilen. Mit etwas Salz würzen und mit etwas Mehl bestäuben.

Den Backofen auf 180 °C (Umluft) vorheizen. Das Butterschmalz in einer beschichteten Pfanne erhitzen und die Hähnchenflügel darin portionsweise auf beiden Seiten 1 bis 2 Minuten knusprig backen. Auf Küchenpapier abtropfen lassen.

▼

Die gesalzenen Rauchmandeln in einen Blitzhacker geben und möglichst fein mahlen. Mit dem Paprikapulver, Cayennepfeffer, den getrockneten Pfefferbeeren sowie Petersilie und Thymian, 1 TL Salz und der weichen Butter gut vermischen.

Mein Tipp

Die Gewürzpaste für Schmorhähnchen können Sie auch für Steaks und für jegliches im Ofen geschmortes Fleisch nehmen. Die Paste hält sich in einem gut verschließbaren Glas 2 bis 3 Wochen im Kühlschrank.

Genießen mit Freunden

Gefüllte Truthahnbrust »Thanksgiving«
mit jungem Mais

Zutaten für 6 Personen

1 kleine Zwiebel
100 ml Milch
6 Stiele glatte Petersilie
300 g Cornflakes
2 Eier
1 EL Mehl
Salz · schwarzer Pfeffer aus der Mühle
1 Truthahnbrust (ca. 900 g)
2 EL Butterschmalz
8–10 Scheiben Bacon (Frühstücksspeck)
20–30 Mini-Maiskolben
1 Knoblauchzehe (ungeschält)
1 kleine Chilischote
Zucker
1 Schuss Gemüsebrühe
1–2 EL alter Aceto Balsamico oder
Alexanders Balsamicosirup (siehe Seite 11)

Die Zwiebel schälen und in kleine Würfel schneiden. Die Milch erhitzen und die Zwiebel darin aufkochen. Die Petersilie waschen, trocken schütteln, die Blätter abzupfen und fein hacken. Die heiße, aber nicht mehr kochende Milch nach und nach auf die Cornflakes gießen. Die Eier verquirlen und mit dem Mehl unter die Cornflakes rühren, sodass eine dicke Masse entsteht. Mit etwas Salz und reichlich Pfeffer würzen. Die Petersilie untermischen.

▼

Den Backofen auf 130 °C (Umluft) vorheizen. Die Truthahnbrust waschen und trocken tupfen. Mit Salz und Pfeffer würzen. In einer großen Pfanne mit 1 EL Butterschmalz auf allen Seiten leicht braun anbraten.

Auf der Oberseite der Truthahnbrust der Länge nach eine tiefe Tasche einschneiden. Die Cornflakesmasse darin verteilen. Mit dem Bacon möglichst großflächig abdecken. Die Truthahnbrust in eine Auflaufform geben und im vorgeheizten Ofen zunächst 30 Minuten garen. Anschließend die Grillfunktion einschalten, sodass der Speck noch von oben 5 bis 8 Minuten geröstet wird. Die Truthahnbrust aus dem Ofen nehmen, mit Alufolie abdecken und etwa 4 bis 5 Minuten ruhen lassen.

▼

Den Mais waschen und trocken tupfen. In einem Bräter oder einer großen Pfanne 1 EL Butterschmalz erhitzen, den Mais dazugeben und bei mittlerer Hitze langsam braten. Die Knoblauchzehe andrücken, die Chilischote halbieren, entkernen und beides zum Mais geben. Den Mais mit etwas Salz und 1 Prise Zucker würzen. Ab und zu umrühren oder die Pfanne schwenken, damit er von allen Seiten braun wird. Falls nötig, mit Gemüsebrühe ablöschen und auf eine Platte verteilen.

▼

Die Truthahnbrust aus der Auflaufform nehmen und in fingerdicke Scheiben schneiden. Dekorativ auf den Mais legen. Die Schnittflächen der Truthahnbrust noch einmal mit etwas Salz und schwarzem Pfeffer würzen und mit Aceto Balsamico oder Alexanders Balsamicosirup beträufeln.

T-Bone-Steak
mit Countrypotatoes

Zutaten für 6 Personen

3 große T-Bone-Steaks (à 600 g)
Salz · schwarzer Pfeffer aus der Mühle
3 EL Olivenöl
12 mittelgroße Kartoffeln
2 Knoblauchzehen (ungeschält)
3 kleine Zwiebeln
100 g Rauchmandeln
4 Stiele glatte Petersilie
6 getrocknete Tomaten
2 EL Öl
10 EL Crème fraîche
Saft von ½ Zitrone

Den Backofen auf 120 °C (Umluft) vorheizen. Die T-Bone-Steaks auf beiden Seiten mit Salz und Pfeffer würzen. Nacheinander in einer Pfanne in 1 EL Olivenöl auf beiden Seiten jeweils 1 bis 2 Minuten anbraten, sodass Röststoffe entstehen. Auf ein Backblech legen und 40 bis 50 Minuten im vorgeheizten Ofen langsam rosa garen. Anschließend aus dem Ofen nehmen, in Alufolie wickeln und ruhen lassen.

▼

Die Backofentemperatur auf 210 °C (Umluft) mit Grillfunktion einstellen. Die Kartoffeln gründlich waschen, der Länge nach vierteln bzw. sechsteln. Die Knoblauchzehen andrücken. Die Kartoffeln mit dem Knoblauch und 2 EL Olivenöl vermischen und mit Salz würzen. Die Kartoffeln flach auf ein Backblech verteilen und im vorgeheizten Ofen 18 Minuten backen.

In der Zwischenzeit die Zwiebeln schälen und in feine Streifen schneiden. Die Rauchmandeln grob hacken. Die Petersilie waschen, trocken schütteln, die Blätter abzupfen und fein hacken. Die getrockneten Tomaten in feine Streifen schneiden. Die Zwiebeln im Öl bei mittlerer Hitze 4 bis 6 Minuten hellbraun dünsten. So entwickeln die Zwiebeln eine leichte Süße. Mit etwas Salz und Pfeffer würzen. Die getrockneten Tomaten hinzufügen und erneut 1 bis 1 ½ Minuten langsam garen. Petersilie und Rauchmandeln unterrühren.

▼

Die Crème fraîche mit Zitronensaft, Salz und schwarzem Pfeffer glatt rühren. Die fertig gebackenen Kartoffeln aus dem Ofen holen. Die T-Bone-Steaks aus der Alufolie wickeln, auf ein Backblech legen und in den Backofen schieben. Den Backofen ausschalten, sodass die T-Bone-Steaks in der Resthitze noch mal 4 Minuten erhitzt werden.

▼

Die Steaks auf eine große Platte legen, die Countrypotatoes darum herum verteilen, mit der Zitronen-Crème-fraîche beträufeln und mit den Rauchmandelzwiebeln garnieren.

Maccaroni & Cheese
mit Spinat und Schinken

Zutaten für 6 Personen

600 g Makkaroni · Salz
3 Schalotten
1 EL Olivenöl
100 ml Weißwein
300 g Sahne
250 g Blattspinat
schwarzer Pfeffer aus der Mühle
6 Scheiben Kochschinken
18 Scheiben Cheddarkäse
60 g frisch geriebener Parmesan

Die Makkaroni nach Packungsanweisung in reichlich Salzwasser bissfest garen.

▼

In der Zwischenzeit die Schalotten schälen und in feine Streifen schneiden. Im Olivenöl glasig andünsten, mit Weißwein ablöschen und mit der Sahne auffüllen. Um die Hälfte einkochen lassen, sodass eine dickliche Sauce entsteht.

▼

Den Spinat putzen, die harten Stiele entfernen, Spinatblätter gründlich waschen, abtropfen lassen und in grobe Streifen schneiden. Zur Schalottensauce geben, umrühren, mit Salz und Pfeffer würzen und beiseitestellen.

▼

Ein Backblech mit Backpapier vollständig auslegen. Den Kochschinken möglichst dicht darauflegen. Die Makkaroni abgießen und abtropfen lassen. In einer Schüssel mit der Spinat-Sahne-Sauce sowie etwas Salz gut vermischen.

Den Backofen auf 120 °C (Umluft) vorheizen. Die Nudeln auf dem Kochschinken verteilen und flach streichen. Mit etwas schwarzem Pfeffer würzen. Den Cheddarkäse flach auf die Makkaroni legen und mit dem Parmesan dünn bestreuen.

▼

Die Nudeln im vorgeheizten Ofen plus Grillfunktion auf der obersten Schiene gratinieren. Wenn der Käse knusprig ist, das Blech aus dem Ofen nehmen. Etwa 2 Minuten abkühlen lassen und vorsichtig in Stücke schneiden. Auf Teller verteilen und servieren.

Mein Tipp

Maccaroni & Cheese ist ein typisch amerikanisches Gericht. Durch das flache Ausbreiten der Nudeln erhält man auf allen Nudeln eine schöne Kruste.

Blaubeermuffins
mit Joghurt

Zutaten für 6 Stück

150 g weiche Butter
100 g Puderzucker
3 Eigelb
3 Eier
80 g Zucker
200 g Mehl
1 TL Backpulver
Salz
1/2 Päckchen Vanillezucker
90 g Naturjoghurt
100 g Blaubeeren (tiefgekühlt)

Die weiche Butter und den Puderzucker mit den Quirlen des Handrührgeräts schaumig schlagen. Die Quirle gründlich säubern, sie müssen fettfrei und trocken sein. Die Eigelbe verquirlen, den Zucker dazugeben und schaumig schlagen. Die schaumige Eiermasse vorsichtig unter die schaumige Buttermasse heben. Nach und nach Mehl, Backpulver, die verquirlten Eier sowie 1 Prise Salz und Vanillezucker unterrühren.

▼
Den Backofen auf 160 °C (Umluft) vorheizen. Den Joghurt sowie die tiefgefrorenen Blaubeeren vorsichtig unter den Teig heben. Ein Muffinblech mit 6 Vertiefungen mit Papierförmchen auslegen. Den Teig hineinfüllen, falls nötig, mit einem Spritzbeutel mit Lochtülle hineinspritzen. Die Muffins im vorgeheizten Ofen etwa 22 Minuten backen. Anschließend noch etwa 20 Minuten in den Förmchen abkühlen lassen. Die Muffins aus der Form nehmen und servieren.

Weißbier-Sabayon
geeist

Zutaten für 6 Personen

4 Eigelb
200 ml Weißbier
100 ml Bananensaft
2 EL Zucker
Mark von 1/2 Vanilleschote

Die Eigelbe mit dem Weißbier, dem Bananensaft, dem Zucker und dem Vanillemark im heißen Wasserbad schaumig aufschlagen. In kleine Gläser füllen und im Tiefkühlfach 2 Stunden gefrieren lassen.

Mein Tipp

Sie können die Sabayon auch noch mit abgeriebener Schale von 1 Zitrone und etwas Zitronensaft verfeinern.

Genießen mit Freunden

Sauerkirschsorbet
geschabt

Zutaten für 6–8 Personen

400 g Sauerkirschen (aus dem Glas; ohne Stein)
250 ml Kirschsaft
3–4 EL brauner Zucker
6 cl Amaretto
300 g Sahne
1 Päckchen Bourbon-Vanillezucker
1 EL Zucker

Die Sauerkirschen in einem Sieb abtropfen lassen. Mit dem Kirschsaft, dem braunen Zucker und Amaretto mit dem Pürierstab fein mixen. Durch ein Sieb streichen und in eine Auflaufform gießen. Über Nacht im Tiefkühlfach gefrieren lassen.

▼

Die Sahne mit dem Vanillezucker und dem Zucker cremig schlagen und auf 6 bis 8 dekorative Gläser verteilen. Das gefrorene Sauerkirschsorbet mit einem Löffel abschaben und großzügig auf die Vanillesahne geben.

Mein Tipp

Das Sorbet können Sie auch mit anderen Früchten wie Orangen, Mandarinen, Zwetschgen, Erdbeeren oder Blaubeeren zubereiten.

Gelierte Zitronenmilch
mit Erdbeer-Kokos-Kaltschale

Zutaten für 6 Personen

6 Blatt Gelatine
600 ml Milch
2 EL Zucker
abgeriebene Schale von 1 unbehandelten Zitrone
1 Schale Erdbeeren (250 g)
2–3 EL Puderzucker
Saft von ½ Zitrone
4–5 EL Kokoslikör (50 ml)

Die Gelatine in kaltem Wasser einweichen. 6 kleine Einmachgläser mithilfe eines zusammengerollten Tuchs etwa 45 Grad schräg stellen.

▼

Die Milch mit Zucker und Zitronenschale erwärmen. Die Gelatine ausdrücken und darin unter Rühren auflösen. Die Milch in die Einmachgläser füllen und im Kühlschrank 1 Stunde gelieren lassen.

▼

Die Erdbeeren putzen, waschen und trocken tupfen. Mit Puderzucker, Zitronensaft und Kokoslikör mit dem Pürierstab mixen. Durch ein Sieb streichen und auf die Zitronenmilch geben.

Mein Tipp

Wenn Sie die Zitronenmilch in Einmachgläser füllen und verschließen, ist dieses Dessert ideal für ein Picknick.

Koch doch.
Festlich kochen

Eichblattsalat
mit Speckgarnelen und Zitronenjoghurt

Zutaten für 2 Personen

1 kleiner Kopf Eichblattsalat
8 Riesengarnelen (8/12er-Größe)
8 Scheiben Bacon (Frühstücksspeck)
1 TL Butterschmalz
1 Zitrone
250 g Naturjoghurt
Salz · schwarzer Pfeffer aus der Mühle
1 EL Sonnenblumenkerne

Vom Eichblattsalat die äußeren Blätter großzügig entfernen, den Strunk herausschneiden und die feinen Blätter ablösen. Die Blätter vorsichtig in kaltem Wasser waschen. Die Garnelen schälen, am Rücken entlang einschneiden und den schwarzen Darm entfernen. Die Garnelen waschen und trocken tupfen. Jede Garnele mit einer Scheibe Speck umwickeln. In einer Pfanne im Butterschmalz auf beiden Seiten bei mittlerer Hitze langsam braten, sodass der Bacon leicht knusprig, die Garnele aber nicht trocken wird. Dabei häufig wenden.

▼

Den Backofen auf 170 °C (Umluft) vorheizen. Die Zitrone auspressen. Den Joghurt mit dem Zitronensaft, Salz und etwas Pfeffer abschmecken und mit dem Pürierstab schaumig mixen. Die Sonnenblumenkerne auf einen kleinen Teller geben und im vorgeheizten Ofen 6 Minuten rösten. Den Eichblattsalat gut abtropfen lassen und auf einer Platte verteilen. Mit dem aufgeschäumten Zitronenjoghurt beträufeln. Die Sonnenblumenkerne, am besten noch warm, darüberstreuen und die Garnelen dekorativ darauf anrichten.

Mariniertes Rinderfilet
mit Pilzen und Knusperpetersilie

Zutaten für 2 Personen

1 Rinderfilet (à 200 g)
Salz · schwarzer Pfeffer aus der Mühle
Saft von 1/2 Zitrone
4 EL Rapsöl
80 g Champignons
4 Stiele glatte Petersilie
1 EL Butterschmalz zum Frittieren

Das Rinderfilet mit einem scharfen Messer in 5 dünne Scheiben schneiden. Die Scheiben mit der Messerklinge auf einem Schneidebrett dünn ausstreichen. Die Rinderfiletscheiben auf einen Teller legen und mit Salz und Pfeffer würzen. Mit Zitronensaft und Rapsöl beträufeln. Leicht verteilen.

Die Champignons putzen, trocken abreiben und hauchdünn auf das Rinderfilet hobeln. Mit Salz würzen. Die Petersilie waschen, trocken schütteln und die Blätter abzupfen. Im heißen Fett knusprig frittieren und auf Küchenpapier abtropfen lassen. Mit Salz würzen und auf die Champignons geben.

Pochierte Schweinemedaillons
mit Feldsalat und Brezen-Croûtons

Zutaten für 2 Personen

1 kleine Zwiebel
1 TL Butterschmalz
100 ml Weißwein
300 ml Gemüsebrühe
4 Stiele glatte Petersilie
½ TL Senfkörner
1 Lorbeerblatt
Salz · schwarzer Pfeffer aus der Mühle
1 EL Sahnemeerrettich
6 Schweinefiletmedaillons (à 40 g)
1 Schale Feldsalat (150 g)
1 EL milder Rotweinessig
2 EL Nussöl
1 altbackene Breze
1 EL Butter

Die Zwiebel schälen und in feine Streifen schneiden. In einem kleinen Topf im Butterschmalz glasig andünsten. Mit Weißwein und Gemüsebrühe auffüllen. Die Petersilie waschen und trocken schütteln. Die Senfkörner sowie das Lorbeerblatt in den Topf geben und die Petersilienstiele hineinlegen. Aufkochen lassen und mit etwas Salz und Pfeffer würzen.

▼

Den Sahnemeerrettich einrühren. Die Schweinefiletmedaillons mit Salz und Pfeffer würzen und in den kochenden Sud geben. Den Topf sofort beiseitestellen und die Schweinefiletmedaillons zugedeckt 6 Minuten ziehen lassen, bis sie leicht rosa sind.

Den Feldsalat putzen, d.h., die Wurzeln vorsichtig abschneiden und die Blätter in reichlich kaltem Wasser so oft waschen, bis kein Sand mehr vorhanden ist. Den Salat gründlich trocken schleudern. Mit Rotweinessig und Nussöl beträufeln sowie 1 Prise Salz hinzufügen. Vorsichtig mit Löffel und Gabel verrühren und dekorativ auf zwei Teller verteilen.

Von der Breze das Salz komplett entfernen und die Breze in möglichst gleich große Stücke schneiden. Die Butter in einer großen Pfanne aufschäumen lassen und die Brezenstücke darin bei mittlerer Hitze auf allen Seiten knusprig braun braten. Auf Küchenpapier abtropfen lassen.

Die Schweinefiletmedaillons aus dem Sud nehmen, abtropfen lassen und auf dem Feldsalat verteilen. Die Brezenstücke darüberstreuen.

Mein Tipp

Wer möchte, kann etwas Pochiersud durch ein Sieb gießen, 1 EL Butter hinzufügen und mit dem Pürierstab schaumig aufmixen. Den Schaum über dem Feldsalat verteilen.

Festlich kochen

Rote-Bete-Lachsforellen-Cannelloni
mit Kressesauerrahm und Feldsalat

Zutaten für 2 Personen

1 große Rote Bete · Salz
1 EL Sahnemeerrettich
400 g Lachsforellenfilet
1 TL flüssige Butter
¼ Kästchen Gartenkresse
2 EL Sauerrahm
½ Zitrone
½ Schale Feldsalat
1 EL Nussöl

Die Rote Bete gründlich waschen und mit einer Aufschnittmaschine oder einem langen scharfen Messer 8 sehr dünne Scheiben herunterschneiden. Die Rote-Bete-Scheiben in Salzwasser etwa 30 Sekunden blanchieren, anschließend in Eiswasser abschrecken. Auf einem Küchentuch ausbreiten und trocken tupfen. Den Sahnemeerrettich gleichmäßig auf die Rote-Bete-Scheiben verteilen.

Den Backofen auf 90 °C (Umluft) vorheizen. Das Lachsforellenfilet in 8 längliche Stücke schneiden. Auf die Rote Bete legen und wie Cannelloni aufrollen. Falls nötig, die Enden mit einem scharfen Messer abschneiden. Mit etwas Salz würzen, auf ein leicht gefettetes Backblech setzen und mit der flüssigen Butter gut bestreichen. Im vorgeheizten Ofen 7 bis 12 Minuten glasig garen.

Die Kresse waschen und trocken schütteln. Den Sauerrahm mit Zitronensaft nach Geschmack verrühren und mit Salz würzen. Die Gartenkresse untermischen und kurz ziehen lassen. Den Feldsalat putzen und in reichlich kaltem Wasser waschen. Wichtig ist, dass der Salat nicht mehr sandig ist. Falls nötig, mehrmals waschen. Vorsichtig trocken schleudern und mit dem Nussöl marinieren.

Die lauwarmen Lachsforellen-Cannelloni, falls nötig, auf einem Tuch kurz abtropfen lassen. In die Mitte von 2 Tellern verteilen, den Kressesauerrahm darum herum träufeln und mit dem Feldsalat anrichten.

Mein Tipp

Statt Rote Bete können Sie auch Steckrübe, Sellerie oder auch gebratene, aneinandergelegte Zucchinistreifen verwenden.

Avocadotörtchen
mit geräucherter Entenbrust, Rucola und Brotchips

Zutaten für 2 Personen

1 reife Avocado
Meersalz
Saft von 1/2 Zitrone
1 TL Alexanders Würzöl (siehe Seite 10)
6–8 Walnusskerne
schwarzer Pfeffer aus der Mühle
1/2 Bund Rucola
1 Stück altbackenes Sauerteigbrot (ca. 50 g)
150 g dünn aufgeschnittene geräucherte Entenbrust
1 EL alter Aceto Balsamico oder
Alexanders Balsamicosirup (siehe Seite 11)
1/2 EL Olivenöl

Den Backofen auf 160 °C (Umluft) vorheizen. Das Brot in 8 bis 10 hauchdünne Scheiben schneiden. Auf ein Ofengitter legen und im vorgeheizten Ofen 7 bis 10 Minuten knusprig braun rösten.

▼

Die geräucherte Entenbrust wellenförmig auf die Avocadotörtchen legen. Den Rucola darum herum verteilen. Mit Balsamico oder Alexanders Balsamicosirup beträufeln. Das Olivenöl darüber verteilen und schwarzen Pfeffer darübermahlen. Die Sauerteigbrotchips an das Törtchen lehnen.

Die Avocado halbieren, die Hälften vom Kern drehen bzw. den Kern entfernen. Mit einem Löffel das reife Fruchtfleisch aus der Schale lösen, in eine flache Schale oder Auflaufform geben. Meersalz, Zitronensaft und Alexanders Würzöl dazugeben und mit einer Gabel zu einem groben Püree zerdrücken. Die Walnüsse in grobe Stücke schneiden bzw. hacken und mit etwas schwarzem Pfeffer unter die Avocado rühren.

▼

Den Rucola verlesen, die harten Stiele abschneiden, den Rucola waschen und trocken schütteln. Die Hälfte des Rucola fein hacken und unter die Avocadomasse mischen. Die Hälfte der Avocadomasse in einen Ausstechring (Durchmesser 7 cm) geben und verteilen, auf einen Teller setzen und den Ring vorsichtig abziehen. Mit der restlichen Avocadomasse auf einem zweiten Teller wiederholen.

Mein Tipp

Eine gute Ergänzung zu Avocado sind Tomatenwürfel. Und anstelle des Sauerteigbrotes können Sie auch Ciabatta-Brot oder Körnerbrote verwenden.

Festlich kochen

Kartoffel-Knoblauch-Suppe
mit gratinierten Kräutern

Zutaten für 2 Personen

2–3 Kartoffeln
1 kleine Zwiebel
2 Knoblauchzehen
2–3 TL Butterschmalz
300 ml Gemüsebrühe
300 g Sahne
Salz
1 EL Speckwürfel
2 Eigelb
1 Bund Rucola
3 Basilikumstiele
2 Estragonstiele
2 Dillstiele
schwarzer Pfeffer aus der Mühle

Die Kartoffeln schälen, waschen und in Würfel schneiden. Die Zwiebel schälen und in feine Würfel schneiden. Die Knoblauchzehen schälen und halbieren. Die Zwiebeln in einem Topf in 1 TL Butterschmalz andünsten. Die Kartoffeln dazugeben und mit der Brühe und 200 g Sahne auffüllen. Knoblauchzehen hinzufügen, mit 1 Prise Salz würzen und zugedeckt 7 bis 10 Minuten gar köcheln. Mit dem Pürierstab zu einer sämigen Suppe mixen. Falls nötig, noch mal etwas Brühe hinzufügen.

Den Speck in einer kleinen Pfanne in 1 TL Butterschmalz langsam knusprig rösten und auf Küchenpapier abtropfen lassen. 100 g Sahne mit 1 Prise Salz steif schlagen und vorsichtig die Eigelbe unterziehen. Vom Rucola die Stiele großzügig entfernen, den Rucola kurz waschen und abtropfen lassen. Basilikum, Estragon und Dill waschen und trocken schütteln. Die Blätter von den Zweigen zupfen.

Den Rucola in einer Pfanne mit etwas Butterschmalz kurz anschwenken, mit den Kräutern vermischen und als 2 kleine Portionen auf ein Backblech geben. Je einen Klecks Eigelbsahne daraufsetzen. Im Backofen bei Grillfunktion 1 bis 1 1/2 Minuten gratinieren. Die heiße Kartoffelsuppe in 2 tiefe Teller verteilen und die gratinierten Kräuter daraufgeben. Wer möchte, kann die Suppe noch mit Speckwürfeln bestreuen.

Mein Tipp

Wenn Sie statt des kräftig schmeckenden Rucolas Spinat verwenden, werden die gratinierten Kräuter etwas milder.

Festlich kochen

Saibling-Basilikum-Rouladen
mit Sellerie-Limetten-Sud

Zutaten für 2 Personen

2 Saiblingsfilets (à 120 g; ohne Haut und Gräten)
Meersalz
schwarzer Pfeffer aus der Mühle
1 TL flüssige Butter
20 Basilikumblätter
1 Schalotte
1 EL Butter zum Braten
150 ml Weißwein
150 ml Gemüsebrühe
150 g Sahne
abgeriebene Schale und Saft von
1 unbehandelten Limette
1 1/2 EL kalte Süßrahmbutter
2 Stangen Staudensellerie

Die Saiblingsfilets auf beiden Seiten mit Meersalz und schwarzem Pfeffer würzen. Jeweils einen DIN-A4-großen Bogen Alufolie sowie ein DIN-A4-großes Stück Frischhaltefolie aufeinanderlegen. Die Frischhaltefolie bis zur Hälfte dünn mit flüssiger Butter bestreichen. Die Basilikumblätter waschen und trocken schütteln. Die Saiblingsfilets auf einer Seite mit den Basilikumblättern belegen und vorsichtig zu Rouladen aufrollen. In die Folien wickeln und die Enden wie einen Bonbon fest zusammendrehen.

▼

Den Backofen auf 80 °C (Umluft) vorheizen. Die Saiblingrouladen im vorgeheizten Ofen auf dem Ofengitter 16 bis 20 Minuten glasig garen.

Die Schalotte schälen und in feine Würfel schneiden. In einem Topf in 1 EL Butter glasig andünsten. Mit Weißwein, Gemüsebrühe und Sahne auffüllen und 2 bis 4 Minuten leicht einköcheln lassen. Mit etwas Limettenschale und einigen Tropfen Limettensaft sowie Salz und Pfeffer kräftig abschmecken und die kalte Butter hinzufügen. Mit dem Pürierstab schaumig aufmixen.

▼

Den Staudensellerie schälen und waschen. Die grünen Sellerieblätter in kaltes Wasser legen, damit sie knackig bleiben. Den Staudensellerie mit einem scharfen Messer in 1 bis 2 mm dünne Scheiben schneiden. In einem Topf mit Salzwasser bissfest blanchieren. In eiskaltem Wasser abschrecken, abgießen und beiseite stellen.

▼

Die Saiblingsrouladen herausnehmen, in der Mitte mit einem scharfen Messer halbieren, so lassen sich die Folien leicht abziehen. Die Rouladen mit der Schnittfläche nach oben auf tiefe Teller verteilen. Kurz vor dem Servieren den Staudensellerie in den aufgeschäumten Limettensud geben, darin erwärmen und heiß über die Saibling-Basilikum-Rouladen gießen. Mit den Staudensellerieblättern garnieren. Als Beilage dazu passen kleine Salzkartoffeln.

Festlich kochen

Hähnchenbrust in der Folie
mit Morcheln und Erbsenpüree

Zutaten für 2 Personen

3 Schalotten
10 Champignons
2 Hähnchenbrüste (ohne Haut)
Salz · schwarzer Pfeffer aus der Mühle
1 EL Olivenöl
8 Thymianzweige
8 getrocknete Morcheln
6 cl Sherry
1 EL Alexanders Würzöl (siehe Seite 10)
1 TL Butter
200 g Erbsen (tiefgekühlt)
200 ml Milch
frisch geriebene Muskatnuss
1 Schuss Sahne

Die Schalotten schälen und in feine Würfel schneiden. Die Champignons putzen, trocken abreiben und vierteln bzw. sechsteln. Die Hähnchenbrüste waschen, trocken tupfen und mit Salz und Pfeffer würzen. Die Hähnchenbrüste mit einem Drittel der Schalotten und den Champignons in einer Pfanne im Olivenöl auf beiden Seiten anbraten.

▼

Den Backofen auf 140 °C (Umluft) vorheizen. Thymian waschen und trocken schütteln. 2 Bogen Alufolie auf DIN-A4-Größe zurechtschneiden. Die Pilze und Schalotten in die Mitte geben. Die Morcheln mit einem Messer in grobe Stücke schneiden. Je 4 Morcheln auf die Pilze legen und die Hähnchenbrüste daraufsetzen. Mit je 4 Thymianzweigen belegen, mit dem Sherry und dem Würzöl beträufeln. Die Alufolie möglichst aromadicht zusammenfalten. Die Hähnchenbrust im vorgeheizten Ofen 10 bis 12 Minuten garen.

In der Zwischenzeit die restlichen Schalotten in einem kleinen Topf in der Butter glasig andünsten. Die tiefgekühlten Erbsen dazugeben und mit der Milch aufgießen. Einmal aufkochen und 3 Minuten ziehen lassen. Mit etwas Salz und Muskatnuss kräftig würzen, 1 Schuss Sahne hinzufügen und mit dem Pürierstab zu einem glatten Püree mixen. Das Püree durch ein feines Sieb streichen und erneut erwärmen. Mit Muskatnuss abschmecken und in die Mitte von 2 Tellern verteilen.

▼

Die Hähnchenbrüste aus dem Ofen nehmen, die Alufolie auseinanderfalten und die Hähnchenbrüste herausnehmen. In Scheiben schneiden und dekorativ auf dem Püree anrichten. Die Thymianzweige entfernen und die Pilze mit dem Schmorsud über die Hähnchenbrüste oder darum herum träufeln.

Mein Tipp

Während der Saison können Sie statt der getrockneten Morcheln natürlich auch frische verwenden. Wer keine Morcheln bekommt, bereitet das Gericht mit getrockneten Steinpilzen zu.

Schweinefilet und geschmorte Schweinebäckchen
mit Lauch-Senf-Rouladen

Zutaten für 2 Personen

1 Karotte
1/2 Knollensellerie
2 Zwiebeln
4 kleine Schweinebäckchen (à ca. 70 g; küchenfertig, vom Metzger vorbereiten lassen)
Salz · schwarzer Pfeffer aus der Mühle
1–2 EL Butterschmalz
300 ml Rotwein
300 ml Gemüsebrühe
3 Stiele glatte Petersilie
1/2 TL Pfefferkörner
220 g Schweinefilet
1 Stange Lauch
1 EL mittelscharfer Senf
3 mittelgroße Kartoffeln
1 EL Butter

Karotte, Knollensellerie und Zwiebeln schälen. In feine Streifen, Scheiben und Würfel schneiden. Die Schweinebäckchen mit Salz und Pfeffer würzen. Den Backofen auf 170 °C (Umluft) vorheizen.

▼

Die Schweinebäckchen in einem kleinen Bräter in 1 EL Butterschmalz auf allen Seiten anbraten. Aus dem Bräter nehmen, das Gemüse hineingeben und gut anbraten. Die Schweinebäckchen wieder dazugeben und mit Rotwein und Gemüsebrühe ablöschen. Die Petersilie waschen und trocken schütteln. Pfefferkörner und Petersilie zu den Schweinebäckchen geben. Zugedeckt 90 bis 120 Minuten schmoren. Schweinebäckchen aus dem Schmorsud nehmen, auf einen Teller legen, mit Folie abdecken und ruhen lassen. Den Backofen nicht ausschalten.

Die Petersilie aus dem Schmorsud entfernen. Den Sud mit dem Gemüse erneut aufkochen, mit dem Pürierstab fein mixen und durch ein Sieb streichen. Falls nötig, mit Salz und Pfeffer erneut abschmecken.

▼

Das Schweinefilet mit Salz und Pfeffer würzen und in 1 TL Butterschmalz braun anbraten. Im Ofen auf dem Ofengitter 5 Minuten garen. In Alufolie locker einwickeln und 8 Minuten ruhen lassen.

▼

Den Lauch putzen, sodass nur das Weiße und Hellgrüne übrig bleiben. Die Lauchstange der Länge nach halbieren, gründlich waschen und in 6 lange, breite Streifen schneiden. In Salzwasser etwa 30 Sekunden blanchieren, in Eiswasser abschrecken, auf ein Tuch legen und trocken tupfen. Alle Lauchstreifen gleichmäßig mit Senf bestreichen, wie Rouladen aufrollen und auf einen Teller setzen. Kurz vor dem Servieren im Ofen bei 170 °C 1 bis 2 Minuten erwärmen.

▼

Die Kartoffeln schälen, in etwas Salzwasser weich kochen, abgießen und ausdampfen lassen. Auf einen vorgewärmten Teller geben, 1 EL Butter hinzufügen und mit einer Gabel grob zerdrücken. Großzügig mit Pfeffer aus der Mühle sowie 1 Prise Salz würzen. Die noch heißen Kartoffeln auf die Mitte von 2 Tellern verteilen, die Schweinebäckchen erneut in der Sauce erhitzen und auf die Kartoffeln setzen. Die Sauce darum herum träufeln. Das Schweinefilet in 4 bis 6 Scheiben schneiden. Neben den Schweinebäckchen anrichten und die Lauchrouladen dazusetzen.

Festlich kochen

Kaninchenkeulen
mit Bohnen-Birnen-Gemüse

Zutaten für 4 Personen

4 Kaninchenkeulen
10 Schalotten
4 Tomaten
1 Chilischote
2 Knoblauchzehen (ungeschält)
2 Rosmarinzweige
Salz · schwarzer Pfeffer aus der Mühle
4 EL Olivenöl
400 ml Weißwein
200 ml Gemüsebrühe
250 g grüne Bohnen
1 ½ Birnen
1 EL Butter
½ Bund Bohnenkraut

Den Backofen auf 180 °C (Umluft) vorheizen. Die Kaninchenkeulen waschen und trocken tupfen. Die Schalotten schälen und vierteln. Die Tomaten waschen, vierteln und den Stielansatz herausschneiden. Die Chilischote putzen und waschen. Die Knoblauchzehen andrücken. Den Rosmarin waschen und trocken schütteln.

Die Kaninchenkeulen mit Salz und Pfeffer würzen und in 1 EL Olivenöl rundherum anbraten. Die Schalotten dazugeben und mit 300 ml Weißwein ablöschen. Die Tomaten, die Chilischote, Knoblauchzehen und Rosmarinzweige hinzufügen. Mit der Brühe aufgießen. Im vorgeheizten Ofen zunächst 15 Minuten garen. Die Backofentemperatur dann auf 120 °C herunterschalten und die Keulen etwa 40 Minuten weitergaren.

Die Bohnen putzen, halbieren, in Salzwasser bissfest blanchieren. In kaltem Wasser abschrecken und abtropfen lassen. Die Birnen nach Belieben schälen, die Kerngehäuse herausschneiden und die Birnen in Spalten schneiden. Birnenspalten in der Butter dünsten und mit 100 ml Weißwein auffüllen. Das Bohnenkraut waschen, trocken schütteln, die Blätter abzupfen, fein hacken und dazugeben. Mit Pfeffer würzen.

Die Bohnen hineingeben, kurz durchschwenken und Bohnen und Birnen ohne Sauce auf Tellern anrichten. Die Kaninchenkeulen daraufgeben. Die Kaninchenschmorsauce durch ein feines Sieb streichen, 2 bis 3 EL Olivenöl hinzufügen und mit dem Pürierstab aufmixen. Die Sauce über das Kaninchen gießen.

Mein Tipp

Zur Abwechslung können Sie auch einmal rosa gebratenen Lammrücken oder auch geschmortes Lamm oder Rind zu dem Bohnen-Birnen-Gemüse servieren.

Gefüllte Gänsefleischpflanzerl
in Mandelbutter mit Wirsing

Zutaten für 2 Personen

4 Scheiben Toastbrot
100 ml heiße Milch
3 Stiele glatte Petersilie
1 Gänsekeule (ohne Haut; vom Metzger auslösen und durch den Fleischwolf mit feiner Scheibe drehen lassen)
Salz · schwarzer Pfeffer aus der Mühle
2 Eier
60 ml roter Portwein
120 g Gänseleberpastete
1/3 Kopf junger Wirsing
12 kernlose grüne Trauben
2 EL Butter
100 ml Gemüsebrühe
100 ml Sekt
1 EL Butterschmalz
2 EL Mandelblättchen

Das Toastbrot entrinden, in Würfel schneiden und mit der heißen Milch übergießen. Die Petersilie waschen und trocken schütteln. Die Blätter abzupfen und fein hacken. Das Gänsekeulenfleisch mit Salz, schwarzem Pfeffer, den Eiern, dem Portwein und der Petersilie vermischen. Das Toastbrot ausdrücken und unterrühren. Alles mit den Händen gut vermengen.

▼

Die Gänseleberpastete in 8 möglichst gleich große quadratische Würfel schneiden oder Kugeln formen. Die Gänsefleischpflanzerlmasse portionsweise zu Bällchen formen. In die Mitte eine Vertiefung drücken und jeweils einen Würfel Gänseleberpastete hineingeben. Mit der Hackfleischmasse gut verschließen. Es sollte mindestens 1 bis 1 1/2 cm Fleischpflanzerlmasse rund um den Leberpastetenwürfel sein. Auf diese Weise aus der Masse 8 Pflanzerl formen.

▼

Vom Wirsing den Strunk großzügig entfernen und den Wirsing in ganz feine Streifen schneiden. Die Trauben halbieren. Den Wirsing in 1 EL Butter andünsten, mit der Brühe und dem Sekt auffüllen und zugedeckt etwa 5 bis 6 Minuten dünsten. Den Deckel abnehmen und den Schmorsud fast einköcheln lassen.

▼

Die Gänsefleischpflanzerl in einer großen Pfanne im Butterschmalz auf allen Seiten leicht braun anbraten. Auf einen Teller geben und kurz beiseitestellen. Die Pfanne mit Küchenpapier ausreiben. Die restliche Butter mit den Mandeln in der Pfanne bei mittlerer Hitze aufschäumen lassen und die Mandeln leicht braun rösten. Die Fleischpflanzerl dazugeben. Falls nötig, mit Salz und schwarzem Pfeffer abschmecken und bei kleiner Hitze in der Mandelbutter schwenken.

▼

Die Trauben zum Wirsing geben und alles einmal kurz erwärmen, mit Salz und Pfeffer abschmecken. Den Wirsing mit den Trauben auf 2 Teller verteilen, mit den Gänsefleischpflanzerln belegen und die Mandeln mit wenig Butter darauf verteilen. Als Beilage passt der getrüffelte Kartoffelstampf von Seite 132 hervorragend.

Gänseleber mit Balsamicosirup
und Apfel-Zwiebel-Gemüse

Zutaten für 2 Personen

1 Apfel
1 rote Zwiebel
1 Frühlingszwiebel
2–3 EL Butter
1 Schuss Weißwein (50 ml)
80 ml Apfelsaft
Salz · schwarzer Pfeffer aus der Mühle
260 g frische Gänseleber (geputzt)
Mehl zum Bestäuben
1 TL Butterschmalz
1 Rosmarinzweig
1 EL Alexanders Balsamicosirup (siehe Seite 11)
oder alter Aceto Balsamico

Den Apfel vierteln, das Kerngehäuse herausschneiden und in Scheiben schneiden. Die Zwiebel schälen, halbieren und in feine Streifen schneiden. Frühlingszwiebel putzen und in feine Ringe schneiden. Die roten Zwiebeln in einer Pfanne 1 TL Butter andünsten. Mit einem Schuss Weißwein ablöschen und fast vollständig einkochen lassen.

Den Apfel und die Frühlingszwiebel dazugeben und durchschwenken. Mit dem Apfelsaft begießen, 1 EL Butter hinzufügen und leicht sämig einköcheln lassen. Mit Salz und etwas schwarzem Pfeffer würzen.

Die Gänseleber mit etwas Mehl bestäuben und in einer Pfanne im Butterschmalz bei mittlerer Hitze auf beiden Seiten jeweils 1 bis 1 1/2 Minuten anbraten. Den Rosmarin waschen, trocken schütteln und die Nadeln abzupfen, mit 1 TL Butter dazugeben. Die Butter aufschäumen lassen. Die Gänseleber darin schwenken und mit Salz und Pfeffer würzen. Herausnehmen und auf Küchenpapier abtropfen lassen.

Das Apfel-Zwiebel-Gemüse auf 2 Teller verteilen. Den Balsamicosirup darüberträufeln und mit der gebratenen Gänseleber belegen.

Mein Tipp

Leber sollte man nie zu heiß braten, da sie sonst zäh wird. Mit Salz wird sie auch erst nach dem Braten gewürzt, sonst trocknet sie zu sehr aus.

Festlich kochen

Kalbsleber
mit Rhabarberschalotten

Zutaten für 2 Personen

½ Rhabarberstange
6 Schalotten
3 EL Butterschmalz
1 Schuss Weißwein (50 ml)
120 ml Gemüsebrühe
3 Scheiben Toastbrot
1 Knoblauchzehe
4 Scheiben Kalbsleber · Mehl zum Bestäuben
Salz · schwarzer Pfeffer aus der Mühle
200 ml Milch · 3 Thymianzweige

Den Rhabarber putzen, falls nötig, schälen und in Würfel schneiden. Die Schalotten schälen und in Würfel schneiden. In ½ EL Butterschmalz andünsten. Mit Weißwein ablöschen, die Brühe und den Rhabarber hinzufügen und 4 bis 6 Minuten garen.

▼

Das Toastbrot entrinden und in 6 Ecken schneiden. Mit dem Knoblauch in 1 ½ EL Butterschmalz kross braten. Die Kalbsleber waschen und trocken tupfen. Auf beiden Seiten mit etwas Mehl bestäuben. Die Kalbsleber in 1 EL Butterschmalz auf beiden Seiten leicht braun braten, auf Küchenpapier abtropfen lassen. Mit Salz und Pfeffer würzen.

▼

Die Milch erwärmen. Den Thymian waschen, trocken schütteln und in die Milch geben, mit Salz und Pfeffer würzen, Thymian etwas ziehen lassen. Wieder entfernen und die Milch mit dem Pürierstab aufschäumen. Rhabarberschalotten auf Teller verteilen, die Kalbsleber darauf anrichten. Den Thymian-Milch-Schaum darübergeben und die Croûtons darüberstreuen.

Spargel in der Folie
mit Kartoffelmayonnaise

Zutaten für 2 Personen

12 Stangen weißer oder grüner Spargel
2 Estragonstiele
1 unbehandelte Orange
4 Scheiben Schwarzwälder Schinken
1 EL Butter
Salz · schwarzer Pfeffer aus der Mühle
150 g Kartoffeln
1 TL Senf
50 ml Sonnenblumenöl

Den Backofen auf 180 °C (Umluft) vorheizen. Den Spargel schälen und die unteren Enden abschneiden. Den Estragon waschen und trocken schütteln. Von der Orange 2 bis 3 Scheiben abschneiden und die Schale entfernen. Einen Bogen Alufolie auf DIN-A4-Größe zurechtschneiden und auf der Arbeitsfläche auslegen und den Spargel mit Orangenscheiben, Schwarzwälder Schinken, Estragon und Butter auf der Alufolie verteilen und mit Salz und Pfeffer würzen. Die Alufolie aromadicht verschließen. Den Spargel im vorgeheizten Ofen etwa 15 Minuten weich schmoren.

Die Kartoffeln schälen, waschen und in Salzwasser gar kochen. In Stücke schneiden, mit dem Senf, der Schmorflüssigkeit vom Spargel und dem Sonnenblumenöl mit dem Pürierstab zu einer warmen Mayonnaise aufschlagen.

Kürbisrösti
mit luftgetrocknetem Schinken

Zutaten für 2 Personen

100 g Kartoffeln
200 g Muskatkürbis
Salz · schwarzer Pfeffer aus der Mühle
Muskatnuss
1/2 TL Kartoffelstärke
1–2 TL Butterschmalz
4 EL Sauerrahm
1/2 Kästchen Gartenkresse
10 hauchdünne Scheiben luftgetrockneter Schinken

Die Kartoffeln schälen, auf einer Reibe grob raspeln und gut ausdrücken. Den Kürbis schälen und ebenfalls grob raspeln. Beides gut miteinander vermischen. Mit Salz, Pfeffer und reichlich Muskatnuss würzen, die Kartoffelstärke unterrühren. Das Butterschmalz in einer beschichteten Pfanne vorsichtig erhitzen. Die Kürbisröstimasse in die Pfanne geben und mit einem Löffel verteilen und andrücken.

Bei mittlerer Hitze 2 bis 3 Minuten braten. Ab und zu an der Pfanne rütteln, damit sich das Kürbisrösti vom Pfannenboden löst. Falls nötig, noch etwas Butterschmalz am Rand schmelzen lassen, sodass das Rösti auf der Unterseite bräunt. Durch dieses langsame Braten gart das Rösti und erhält gleichzeitig milde Bräune, ohne dunkel werden. Vorsichtig mithilfe einer Palette wenden und von der anderen Seite ebenso 2 bis 3 Minuten bei mittlerer Hitze braten.

Festlich kochen

In der Zwischenzeit den Sauerrahm mit Salz und schwarzem Pfeffer herzhaft abschmecken. Die Kresse vom Beet schneiden, waschen, trocken schütteln und unterrühren.

Kürbisrösti auf Küchenpapier etwas abtropfen lassen. Auf einem Brett in 6 Tortenstücke schneiden. Den luftgetrockneten Schinken leicht wellig auf 2 Teller verteilen. Jeweils 3 Stücke Kürbisrösti darum herum legen und mit dem Kresserahm beträufeln.

Mein Tipp

Den luftgetrockneten Schinken kaufen Sie am besten bei Ihrem regionalen Metzger. Ansonsten eignet sich auch Parmaschinken, Schwarzwälder Schinken oder Rehschinken.

Festlich kochen

Pilzgratin
mit klarem Tomatensud

Zutaten für 2 Personen

4 reife Tomaten
1/2 Knoblauchzehe
8 Thymianzweige
150 ml Gemüsebrühe
Salz · schwarzer Pfeffer aus der Mühle
400 g gemischte Pilze (z. B. Egerlinge, Champignons, Pfifferlinge, Austernpilze)
1 EL Butterschmalz
4 Scheiben Toastbrot
1 EL Butter
4 Stiele glatte Petersilie
150 g Ricotta
2 Eigelb
1 EL frisch geriebener Parmesan

Die Tomaten waschen, halbieren, den Stielansatz herausschneiden und die Tomaten in Würfel schneiden. Knoblauch schälen, Thymian waschen und trocken schütteln, die Blätter abzupfen. Die Tomaten mit dem Knoblauch, Thymian, der Gemüsebrühe, Salz und Pfeffer mit dem Pürierstab mixen. Die Masse in einen Topf geben und einmal kräftig aufkochen lassen. Ein Sieb mit einem feinen Tuch auslegen und die Suppe in das Sieb gießen. Den so geklärten weißen Tomatensaft, falls nötig, mit 1 Prise Salz erneut abschmecken.

▼

Die Pilze putzen, trocken abreiben und je nach Größe vierteln bzw. sechsteln. In einer großen Pfanne mit dem Butterschmalz gut anbraten und mit Salz würzen. Die gebratenen Pilze in eine Schüssel geben und abkühlen lassen.

Vom Toastbrot die Rinde entfernen und das Brot in Würfel schneiden. In einer Pfanne in der Butter auf allen Seiten goldbraun rösten. Auf einem Teller mit Küchenpapier abtropfen lassen.

Den Backofen auf 180 °C (Umluft) mit Grillfunktion vorheizen. Die Petersilie waschen, trocken schütteln, die Blätter abzupfen und fein hacken. Die Pilze mit der Petersilie, dem Ricotta, den Eigelben und den Croûtons vermischen, mit etwas Salz und Pfeffer würzen. Das Gratin in 2 Auflaufförmchen verteilen oder 2 Ausstechringe (Durchmesser 8 cm) damit füllen. Großzügig mit dem Parmesan bestreuen und im vorgeheizten Ofen 8 bis 12 Minuten gratinieren.

In der Zwischenzeit den Tomatensud erneut aufkochen. Das Gratin entweder in den Förmchen servieren oder in 2 tiefe Teller oder Schalen geben, die Ausstechringe vorsichtig abziehen. Den Tomatensud darum herum gießen oder separat dazu servieren.

Mein Tipp

Am besten verwenden Sie die jeweiligen Pilze der Saison: Morcheln und Champignons im Frühling, Pfifferlinge im Sommer, Steinpilze im Herbst und Egerlinge mit Speck im Winter.

Festlich kochen

Getrüffelter Kartoffelstampf
aus dem Ofen

Zutaten für 2–4 Personen

4 mittelgroße vorwiegend festkochende Kartoffeln
Salz
frisch geriebene Muskatnuss
1 kleines Döschen schwarzer Wintertrüffel (12,5 g)
1 TL Butterschmalz

Die Kartoffeln schälen, waschen und jeweils einen Deckel abschneiden. Mit einem Kugelausstecher die Kartoffeln vorsichtig aushöhlen, sodass ein etwa 1 cm breiter Rand ringsherum stehen bleibt. Wichtig ist, dass der passende Deckel wieder auf die richtige Kartoffel kommt, sodass sich diese wieder gut verschließen lässt.

Die ausgestochene Kartoffelmasse in Salzwasser gar kochen, abgießen und die Kartoffeln gut ausdampfen lassen. Mit einer Gabel zu einem leicht groben Stampf zerdrücken. Mit 1 Prise Muskat und, falls nötig, noch etwas Salz leicht würzen. Den Backofen auf 180 °C (Umluft) vorheizen.

▼

Die Trüffeldose vorsichtig öffnen. Den Trüffelsaft über dem Kartoffelstampf verteilen und den Trüffel in Würfel schneiden. Unter den Kartoffelstampf heben und in die ausgehöhlten Kartoffeln verteilen. Die Deckel daraufsetzen. Das Butterschmalz erhitzen. Die Kartoffeln mit etwas Salz würzen, mit flüssigem Butterschmalz bestreichen und im vorgeheizten Ofen 18 bis 25 Minuten backen.

Um zu prüfen, ob die Kartoffeln weich sind, mit einem kleinen Messer hineinstechen. Wenn sie gar sind, die Kartoffeln sofort servieren.

Der getrüffelte Kartoffelstampf passt zum Rinderrücken mit Kräutern von Seite 99 oder den gefüllten Gänsefleischpflanzerln von Seite 126.

Mein Tipp

Wer keinen Trüffel mag, ersetzt ihn einfach durch aromatische Kräuter wie Basilikum, Thymian, Rosmarin und Salbei oder auch kräftige Gewürze wie Zimt und Koriander. Auch Gewürzmischungen wie Curry, Ras el Hanout oder Lebkuchengewürz passen optimal.

Marzipantoast
mit Bratapfel und Lavendelmilch

Zutaten für 2 Personen

200 ml Milch
1 EL Zucker
getrocknete Lavendelblüten
4 Scheiben Toastbrot
80 g Marzipanrohmasse
1 Eiweiß
3 EL Mandelblättchen
2 TL Butter
1 Apfel (Boskop)
1 Zimtstange
1 TL brauner Zucker

Die Milch aufkochen, den Zucker hinzufügen und 1 Prise Lavendelblüten hineinstreuen. Beiseitestellen und 5 bis 10 Minuten ziehen lassen. Die Milch durch ein Sieb gießen.

▼

2 Toastbrotscheiben mit jeweils 40 g dünn geschnittener Marzipanrohmasse belegen und mit den restlichen Toastbrotscheiben bedecken. Das Toastbrot mit einem großen runden Ausstecher (Durchmesser 8 cm) ausstechen. Das Toastbrot gut andrücken, sodass es mit dem Marzipan zusammenklebt.

▼

Das Eiweiß verquirlen. Das Toastbrot durch das verquirlte Eiweiß ziehen und die Mandeln daraufstreuen, leicht andrücken. Den Mandel-Marzipan-Toast in einer Pfanne in 1 TL Butter bei mittlerer Hitze auf beiden Seiten braun und kross braten. Auf Küchenpapier abtropfen lassen.

Den Apfel schälen, vierteln, entkernen und in Würfel schneiden. 1 TL Butter in einer Pfanne zerlassen, den Apfel darin mit der Zimtstange langsam braten. Die Zimtstange wieder entfernen, den braunen Zucker hineingeben und karamellisieren lassen.

▼

Den Marzipantoast in tiefe Teller verteilen und die gebratenen Apfelwürfel daraufgeben. Die Lavendelmilch durch ein Sieb gießen und erneut erwärmen. Mit dem Pürierstab schaumig aufschlagen, den Schaum abschöpfen und auf die Marzipantoasts verteilen.

Mein Tipp

Lavendelblüten (aus der Apotheke oder dem Reformhaus) haben ein intensives Aroma. Am besten Sie geben erst wenig Blüten in die Milch und lassen diese etwas ziehen. Bei Bedarf mehr Lavendelblüten hinzufügen.

Festlich kochen

Joghurtcreme
karamellisiert

Zutaten für 2 Personen

200 g Sahne
100 g Naturjoghurt
3 Eier
40 g Zucker
Mark von 1/2 Vanilleschote
2 EL brauner Zucker

Den Backofen auf 100 °C (Umluft) vorheizen. Sahne, Joghurt, Eier, Zucker sowie das Mark der Vanilleschote gut verrühren und in 2 tiefe Teller oder Gläser verteilen. Im vorgeheizten Ofen 60 bis 80 Minuten garen bzw. stocken lassen. Die Masse 30 Minuten bei Zimmertemperatur abkühlen lassen und mindestens 3 Stunden in den Kühlschrank stellen. Vor dem Servieren eventuell entstandenes Kondenswasser auf der Creme mit Küchenpapier abtupfen.

Die Creme dünn mit braunem Zucker bestreuen und mit einem kleinen Bunsen- oder Flambierbrenner knusprig braun karamellisieren.

Mein Tipp

Für eine Vanillecreme den Joghurt einfach durch Milch ersetzen und etwas mehr Vanillemark hinzufügen.
Oder statt der Vanille lösliches Kaffeepulver oder Schokolade verwenden.

Wodka-Biskuits
mit Feigen

Zutaten für 2 Personen

6 Löffelbiskuits
40 ml guter Wodka
80 ml Apfelsaft
1 TL brauner Zucker
4 blaue Feigen
2 EL Crème fraîche
1 EL Puderzucker

Die Löffelbiskuits mit der Zuckerseite nach unten eng nebeneinander auf einen Teller oder in eine Auflaufform legen. Wodka und Apfelsaft vermischen und gleichmäßig auf die Löffelbiskuits träufeln. Die Oberseite dünn mit dem braunen Zucker bestreuen und die Löffelbiskuits 1 Stunde ins Tiefkühlfach stellen.

Die Feigen waschen, die Stiele abschneiden und die Feigen vierteln. Die Crème fraîche mit dem Puderzucker glatt rühren.

Die geeisten Wodka-Biskuits auf 2 Teller verteilen, dünn mit etwas Crème fraîche bestreichen und jeweils 2 Feigen in Vierteln darauflegen. Mit dem Puderzucker bestäuben. Sofort servieren.

Birnen-Schokoladen-Kuchen
mit Lebkuchensahne

Zutaten für 2–4 Personen

200 g Zartbitterschokolade
90 g Butter
ca. 165 g Zucker
3 Eier
70 g Mehl
2 Williamsbirnen
200 g Sahne
½ Päckchen Lebkuchengewürz

Die Schokolade mit einem Messer in kleine Stücke zerteilen und in einer Schüssel im heißen Wasserbad schmelzen lassen. Die Butter und den Zucker hinzufügen und unter Rühren darin auflösen. Die Masse darf nicht zu heiß werden.

▼

Die Eier trennen. Die Eigelbe und das Mehl vorsichtig unter die Schokomasse rühren. Die Eiweiße mit 1 Prise Zucker steif schlagen und nun vorsichtig unter die Schokoladenmasse heben. Eine flache Auflauf- oder Kuchenform mit Backpapier auslegen.

▼

Die Birnen schälen, vierteln und die Kerngehäuse herausschneiden. Die Birnen in dünne Spalten schneiden. Diese gleichmäßig auf dem Backpapier verteilen. Die Schokoladenmasse daraufgeben und in den kalten Backofen auf die mittlere Schiene stellen.

Den Backofen auf 200 °C (Ober- und Unterhitze) schalten und den Schokokuchen 55 bis 70 Minuten backen. Den Kuchen bei Zimmertemperatur etwas abkühlen lassen.

▼

Die Sahne mit 1 EL Zucker und dem Lebkuchengewürz cremig schlagen. Die Sahne getrennt zum warmen Birnen-Schokoladen-Kuchen servieren. Wer mag, kann den Kuchen noch mit Kakaopulver bestäuben.

Mein Tipp

Wer möchte, kann die Lebkuchensahne auch in einer Auflaufform 40 bis 60 Minuten im Tiefkühlfach anfrieren lassen. So erhält man Lebkucheneis.

Koch doch.
Hot & Spicy

Hot & spicy

Polenta-Zitronengras-Suppe
mit Peperoni-Croûtons

Zutaten für 2 Personen

1 kleine Zwiebel
4 EL Olivenöl
½ EL Currypulver
1 Schuss Weißwein (50 ml)
600 ml Gemüsebrühe
½ Mango
2 Zitronengrasstängel
3–4 EL Instantpolenta
4 Scheiben Toastbrot
1 grüne Peperoni
2 EL kalte Butter
Salz

Die Zwiebel schälen, in feine Würfel schneiden und in 2 EL Olivenöl andünsten. Das Currypulver darüberstäuben, kurz mitdünsten lassen und mit dem Weißwein ablöschen. Die Brühe dazugießen und alles aufkochen lassen.

▼

Die Mango schälen, das Fruchtfleisch in Spalten vom Stein und in feine Würfel schneiden. Die Zitronengrasstängel putzen, längs halbieren und mit dem Plattiereisen oder einem kleinen Topf etwas flach klopfen. Die Zitronengrasstängel mit den Mangowürfeln in die kochende Brühe geben. Die Instantpolenta unter Rühren einrieseln lassen und 1 bis 2 Minuten köcheln lassen, bis die Polenta aufquillt. Die Suppe von der Herdplatte nehmen und weitere 5 bis 8 Minuten zugedeckt ziehen lassen.

Inzwischen vom Toastbrot die Rinde entfernen und den Toast in feine Würfel schneiden. Die Peperoni längs halbieren, entkernen, waschen und in feine Streifen schneiden. Die Toastbrotwürfel in einer Pfanne in 1 EL Olivenöl rundherum goldbraun anrösten. 1 EL Butter hinzufügen und aufschäumen lassen. Die Peperoni dazugeben und untermischen, alles mit 1 Prise Salz würzen. Die Brotwürfel aus der Pfanne nehmen und auf Küchenpapier abtropfen lassen.

▼

Die Suppe erneut aufkochen lassen und mit Salz würzen. Von der Herdplatte nehmen, das Zitronengras entfernen und die restliche Butter sowie das restliche Olivenöl mit dem Pürierstab untermixen. Die Suppe erneut erwärmen, in 2 tiefe Teller oder Schalen verteilen und die Peperoni-Croûtons darüberstreuen.

Mein Tipp

Statt Mango passt zu dieser Suppe auch hervorragend Ananas. Sie hat einen wunderbaren Fruchtgeschmack und bringt zudem einen zusätzlichen Hauch Exotik.

Hot & spicy

Scampi-Melonen-Salat
mit milder Chili-Knoblauch-Marinade

Zutaten für 4–6 Personen

12 Garnelen (ohne Kopf; 8/12er- Größe)
2 Knoblauchzehen (ungeschält)
8 Thymianzweige · 2 rote Chilischoten
1 unbehandelte Zitrone · 3 EL Olivenöl
120 ml Weißwein
200 ml Gemüsebrühe
1 orangefleischige Melone (z. B. Charentais)
1 EL weißer Aceto Balsamico · Salz

Die Garnelen schälen und das Fleisch auslösen. Die Garnelen am Rücken entlang einschneiden und den schwarzen Darm entfernen. Die Garnelen waschen und trocken tupfen. Die Schalen ebenfalls waschen und in einem Sieb abtropfen lassen.

▼

Die Knoblauchzehen andrücken. Die Thymianzweige waschen und trocken schütteln. Die Chilischoten halbieren, entkernen, waschen und in feine Würfel schneiden. Die Zitrone heiß waschen, abtrocknen und die Schale abreiben. In einem Topf 1 EL Öl erhitzen, die Garnelenschalen dazugeben, etwas anrösten und mit Wein ablöschen. Gemüsebrühe, Knoblauch, Thymian, Chilischoten und Zitronenschale dazugeben, 12 Minuten köcheln lassen. Den Sud auf Zimmertemperatur abkühlen lassen.

▼

Die Melone schälen, entkernen und in Würfel schneiden. Den Garnelensud durch ein Sieb gießen und mit Essig, Salz sowie 2 EL Olivenöl zu einer Marinade verrühren. Garnelen längs halbieren, in 1 EL Olivenöl auf beiden Seiten anbraten. Garnelen und Melone mit der Marinade mischen. 15 Minuten ziehen lassen.

Thunfisch
mit Shiitakepilzen

Zutaten für 2 Personen

1 TL gemahlener Szechuanpfeffer
2 cl Weinbrand · 1 EL Sojasauce
2 EL Alexanders Würzöl (siehe Seite 10)
12 Shiitakepilzkappen · 2 Frühlingszwiebeln
240 g Thunfisch (Sushi-Qualität)
1 EL Butterschmalz · Meersalz

Den Szechuanpfeffer in einer kleinen Pfanne ohne Fett bei mittlerer Hitze etwa 1 $1/2$ Minuten unter Schwenken rösten. Die Pfanne schräg halten, den Weinbrand hineingießen und anzünden. Den Pfeffer mit dem Weinbrand durch Schwenken der Pfanne mischen. Wenn der Weinbrand verdampft ist, den Pfeffer weitere 30 Sekunden trocknen lassen, dann in ein Schälchen geben und beiseitestellen.

▼

Den Backofen auf 100 °C (Umluft) vorheizen. Die Sojasauce und das Würzöl in einem Schälchen verrühren. Shiitakepilze putzen, trocken abreiben und die Stiele entfernen, die Hüte in Streifen schneiden. Die Frühlingszwiebeln putzen, waschen und in feine Scheiben schneiden. Den Thunfisch in einer Pfanne in $1/2$ EL Butterschmalz bei mittlerer Hitze auf allen Seiten hellbraun anbraten. Auf einen ofenfesten Teller legen und im vorgeheizten Ofen 4 Minuten erwärmen.

▼

Die Pilze im restlichen Butterschmalz braten, die Frühlingszwiebeln hinzufügen und mit Meersalz würzen. Den Thunfisch in 1 cm dicke Streifen schneiden und auf einer vorgewärmten Platte fächerartig anrichten. Die Pilze mit den Frühlingszwiebeln darüberstreuen, die Würzölsauce darüberträufeln und mit dem flambierten Pfeffer bestreuen.

Hot & spicy

Miesmuscheln
mit Zitronengras, Chili und Curry-Croûtons

Zutaten für 6 Personen

1 kg Miesmuscheln
2 kleine Zwiebeln
1 große rote Chilischote
2 Zitronengrasstängel
3 Estragonstiele
2 EL Olivenöl
Salz · schwarzer Pfeffer aus der Mühle
300 ml Weißwein
9 Scheiben Toastbrot
1 Knoblauchzehe
3 EL Butter
1 TL Currypulver

Die Muscheln unter fließendem kaltem Wasser gründlich säubern und den Bart entfernen. Bereits geöffnete Exemplare aussortieren, Muscheln abtropfen lassen. Die Zwiebeln schälen und in feine Würfel schneiden. Die Chilischote halbieren, entkernen, waschen und in feine Streifen schneiden. Die Zitronengrasstängel putzen, längs halbieren und mit dem Plattiereisen oder einem kleinen Topf etwas flach klopfen. Den Estragon waschen und trocken schütteln.

▼

Die Zwiebeln in einem großen Topf im Olivenöl andünsten, die Muscheln hinzufügen und ebenfalls andünsten. Mit Salz und reichlich Pfeffer würzen. Chilischote, Zitronengras und Estragon hinzufügen und mitdünsten. Mit Wein ablöschen und bei mittlerer Hitze zugedeckt 5 Minuten köcheln lassen.

In der Zwischenzeit von den Toastbrotscheiben die Rinde entfernen und die Toasts diagonal halbieren. Den Knoblauch schälen und leicht andrücken. Etwas Butter in einer Pfanne erhitzen und ein paar Toastdreiecke darin mit der Knoblauchzehe goldbraun braten. Die Brote herausnehmen und auf Küchenpapier abtropfen lassen. Die übrigen Toastbrote portionsweise jeweils mit etwas Butter ebenso braten. Die restliche Butter in der Pfanne aufschäumen lassen, das Currypulver hineingeben und die Currybutter auf die Toastscheiben träufeln oder streichen.

▼

Die Muscheln mit Sud in eine große Schüssel geben, nicht geöffnete Exemplare dabei aussortieren und wegwerfen. Die Zitronengrasstängel entfernen. Die Curry-Croûtons separat zu den Miesmuscheln servieren.

Mein Tipp

Der perfekte Start in einen genussreichen Abend: Stellen Sie einfach die Schüssel in die Mitte des Tisches, und jeder kann nach Belieben loslegen. Wahrscheinlich waren Miesmuscheln das erste Fingerfood der Welt!

Hot & spicy

Kürbis mit Chilipaste
im Pergamentpapier geschmort

Zutaten für 2 Personen

2 rote Paprikaschoten
5 EL Olivenöl
3 rote Chilischoten
2 Knoblauchzehen
1 Rosmarinzweig
6 getrocknete Tomaten
1 TL gemahlener Szechuanpfeffer
Meersalz
400 g Muskatkürbis-Fruchtfleisch
1 Eiweiß
2 EL Kürbiskerne
1 Kugel Büffelmozzarella (125 g)
1 TL Kürbiskernöl

Die Paprikaschoten halbieren, entkernen und waschen. Die Haut dünn mit etwas Olivenöl einstreichen und die Paprikahälften mit der Hautseite nach oben auf ein Backblech setzen. Unter dem Grill 4 bis 6 Minuten garen, bis die Haut schwarze Blasen wirft. Die Haut mit einem Messer abziehen und das Fruchtfleisch in feine Würfel schneiden oder mit dem Pürierstab zerkleinern.

▼

Die Chilischoten längs halbieren, entkernen, waschen und in Streifen schneiden. Die Knoblauchzehen schälen und fein hacken. Den Rosmarin waschen, trocken schütteln, die Nadeln abzupfen und fein hacken. Die Tomaten in kleine Würfel schneiden.

In einem großen Mörser die Paprikawürfel mit Chili, Knoblauch, Rosmarin sowie den getrockneten Tomaten fein zerreiben. Szechuanpfeffer und 1 TL Meersalz hinzufügen und zerreiben, dabei 3 EL Olivenöl nach und nach einlaufen lassen und unterrühren.

▼

Den Backofen auf 180 °C (Umluft) vorheizen. Das Kürbisfruchtfleisch in 6 bis 8 gleich große Spalten schneiden und nebeneinander in eine ofenfeste Form legen. Die Chilipaste auf dem Kürbis verteilen. Einen Bogen Pergamentpapier so zurechtschneiden, dass er als »Deckel« auf die Form passt und 2 bis 3 cm übersteht. Das Pergamentpapier mit verquirltem Eiweiß bestreichen, kurz aufweichen lassen, auf die Auflaufform legen und den Rand gut festdrücken. Den Kürbis im vorgeheizten Ofen 18 bis 20 Minuten garen. 5 Minuten vor Garzeitende die Kürbiskerne auf einen ofenfesten Teller geben, zum Kürbis in den Ofen stellen und knusprig rösten.

▼

Den Büffelmozzarella in kleine Stücke zerpflücken und mit Meersalz und 2 EL Olivenöl marinieren. Den Kürbis in der Form servieren und bei Tisch mit einem scharfen Messer den Pergamentdeckel aufschneiden. Die Kürbiskerne darüberstreuen und das Kürbiskernöl darufträufeln. Die Mozzarellastücke auf dem geschmorten Kürbis verteilen.

Wokgemüse
mit Erdnusspaste

Zutaten für 2 Personen

5 Schalotten
2 Knoblauchzehen
1 rote Chilischote
2 Scheiben Ingwer (geschält)
70 g Erdnüsse (ungesalzen)
2 EL Sesamöl
6 Korianderstiele
1–2 EL Sojasauce
Saft von 1/2 Zitrone
Salz
1/2 Chinakohl
14 Zuckerschoten
2 Karotten
14 Shiitakepilze
3 Frühlingszwiebeln
75 g Sojabohnensprossen
2 EL Öl
1 TL Sesamsamen

Den Backofen auf 180 °C (Umluft) vorheizen. Die Schalotten schälen und halbieren. Die Knoblauchzehen schälen. Die Chilischote längs halbieren, entkernen und waschen. Einen Bogen Alufolie auf die Arbeitsfläche legen und Schalotten, Knoblauch, Chilischote, Ingwer und Erdnüsse daraufgeben. Mit Sesamöl beträufeln, die Folie gut verschließen und die Zutaten im vorgeheizten Ofen 30 Minuten schmoren.

▼

Das Alupäckchen aus dem Ofen nehmen und 10 Minuten bei Zimmertemperatur abkühlen lassen. Den Koriander waschen und trocken schütteln. Die Blätter abzupfen und fein hacken.

Den Inhalt des Alupäckchens in den Blitzhacker geben und mit Sojasauce sowie ein paar Spritzern Zitronensaft zerkleinern. Die Paste je nach Geschmack gröber oder feiner mixen und eventuell etwas heiße Brühe hinzugeben. Den Koriander unter die Erdnusspaste rühren und mit Salz abschmecken.

▼

Den Chinakohl putzen, waschen und in feine Streifen schneiden. Die Zuckerschoten putzen und waschen. Die Karotten schälen und in feine Streifen schneiden. Die Pilze putzen, trocken abreiben, die Stiele entfernen und die Hüte vierteln oder sechsteln. Die Frühlingszwiebeln putzen, waschen und in feine Streifen schneiden. Die Sojasprossen in einem Sieb heiß abbrausen und abtropfen lassen.

▼

Das Öl im Wok oder in einer großen Pfanne erhitzen, Chinakohl, Zuckerschoten, Karotten, Pilze sowie Frühlingszwiebeln darin bei mittlerer bis starker Hitze unter Rühren bissfest braten. Mit Salz würzen, die Sojasprossen und den Sesam dazugeben und ein paar Sekunden mitgaren. Das Gemüse auf 2 Tellern anrichten und die Erdnusspaste daraufgeben.

Mein Tipp

Zu gebratener Ente, glasiertem Schweinefilet oder gerösteter Hähnchenbrust ist dieses Wokgemüse samt Paste der perfekte Begleiter.

Hot & spicy

Heiß mariniertes Rinderfilet
in süss-saurem Sud

Zutaten für 2 Personen

6 dünne Scheiben Rinderfilet (à 50–60 g)
Salz oder Alexanders Kräutersalz (siehe Seite 12)
1 Schalotte
1/2 gelbe Paprikaschote
1/2 Baby-Ananas
1 Knoblauchzehe (ungeschält)
1 EL Olivenöl
1 TL Zucker
400 ml Gemüsebrühe
2 Scheiben Ingwer (geschält)
1 TL getrocknete Zitronenverbene
Saft von 1/2 Zitrone

Die Rinderfiletscheiben mit Salz oder Alexanders Kräutersalz auf beiden Seiten würzen und nebeneinander in eine große ofenfeste Form legen. Bei Zimmertemperatur stehen lassen.

Die Schalotte schälen und in feine Würfel schneiden. Die Paprikaschote entkernen, waschen und in feine Würfel schneiden. Die Ananas schälen und in kleine Würfel schneiden. Den Knoblauch leicht andrücken.

Die Schalotten- und Paprikawürfel in einem Topf im Olivenöl andünsten. Mit etwas Salz würzen, den Zucker dazugeben und leicht karamellisieren lassen. Die Brühe dazugießen, Ingwer, Ananas, Knoblauch sowie Zitronenverbene hinzufügen und alles zugedeckt 2 bis 3 Minuten köcheln lassen. Die Herdplatte abschalten und den Sud noch 5 Minuten ziehen lassen.

Den Sud mit ein paar Spritzern Zitronensaft und Salz abschmecken. Den Sud erneut aufkochen und sofort auf die Rinderfiletscheiben gießen. Nach etwa 5 Minuten ist das Rinderfilet rosa und aromatisch mariniert. Dazu passt der Curry-Coucous von Seite 152.

Mein Tipp

Zitronenverbene ist eine Pflanzenart aus der Familie der Eisenkrautgewächse. Die Blätter enthalten viele ätherische Öle, die bei Berührung ein zitrusartiges Aroma abgeben.
Statt Rind kann man auch das günstigere Schweinefilet bzw. Hähnchen verwenden. Auch Lammrücken oder -keule schmeckt so zubereitet herrlich.

Hot & spicy

Entenbrust
mit Sesamkaramell und Ingwerkarotten

Zutaten für 2 Personen

4–5 junge Karotten
2 EL Erdnussöl
200 ml Gemüsebrühe
1 Knoblauchzehe
3 Scheiben Ingwer (geschält)
Salz
½ TL Speisestärke
2 Entenbrüste (à 180 g; mit Haut)
schwarzer Pfeffer aus der Mühle
3 EL Zucker
1 EL Sesamsamen
½ TL Chiliflakes
⅓ Bund Schnittlauch

Die Karotten schälen, längs halbieren oder vierteln und in 1 EL Erdnussöl anschwitzen. Die Brühe dazugießen. Den Knoblauch schälen, leicht andrücken, mit dem Ingwer zur Brühe geben. Die Karotten zugedeckt bei mittlerer Hitze 6 bis 8 Minuten bissfest garen, Knoblauch sowie Ingwer entfernen und mit Salz würzen. Die Speisestärke mit wenig kaltem Wasser anrühren und unter die köchelnde Brühe rühren.

Den Backofen auf 110 °C (Umluft) vorheizen. Die Haut der Entenbrüste mit einem Messer kreuzweise einschneiden. Mit Salz und Pfeffer würzen und in einer Pfanne in 1 EL Erdnussöl bei mittlerer Hitze auf beiden Seiten 1 bis 2 Minuten goldbraun anbraten. Die Pfanne beiseitestellen und die Filets mit der Hautseite nach oben auf einen ofenfesten Teller oder ein Backblech legen. Im Ofen 7 bis 12 Minuten rosa garen.

Den Zucker in einem kleinen Topf bei kleiner Hitze langsam goldgelb karamellisieren lassen. Sesam und Chiliflocken hinzufügen und unterrühren.

Die Pfanne mit dem Bratöl wieder erhitzen und die Entenbrüste auf beiden Seiten noch mal kurz braten. Wenn die Haut knusprig ist, die Entenbrüste herausnehmen und 1 bis 2 Minuten ruhen lassen.

Den Schnittlauch waschen, trocken schütteln, schräg in 3 cm lange Stücke schneiden und auf die Ingwerkarotten streuen. Die Ingwerkarotten auf 2 Teller verteilen. Die Entenbrüste in fingerdicke Scheiben schneiden und auf die Karotten setzen. Den heißen Sesamkaramell über die Entenbrustscheiben träufeln.

Mein Tipp

Wenn Sie den Zucker langsam karamellisieren, kann das bis zu 10 Minuten dauern. Er wird dann gleichmäßig braun und flüssig und Sie brauchen ihn nicht mit zusätzlicher Flüssigkeit abzulöschen.

Hot & spicy

Hähnchenbrust
mit Chilisauce und gebratenen Nudeln

Zutaten für 2 Personen

220 g Mie-Nudeln (asiatische Eiernudeln)
Salz · 1 Knoblauchzehe
1 rote Chilischote
4 Korianderstiele
1 EL Honig · 1 Schuss Weißweinessig
1 Schuss Gemüsebrühe
schwarzer Pfeffer aus der Mühle
½ TL Speisestärke
3 EL Sonnenblumenöl
2 Hähnchenbrüste (180–200 g)
1 TL Sesamsamen

Die Mie-Nudeln in kochendes Salzwasser geben und 4 Minuten ziehen lassen. In ein Sieb abgießen, mit kaltem Wasser abschrecken, kurz abtropfen lassen und auf einem Küchentuch ausbreiten.

▼

Für die Sauce die Knoblauchzehe schälen und in feine Scheiben schneiden. Die Chilischote halbieren, entkernen, waschen und in Streifen schneiden. Den Koriander waschen, trocken schütteln, die Blätter abzupfen und fein hacken. Honig, Knoblauch, Chili, Essig und Brühe in einem Topf erhitzen, den Koriander hinzufügen, aufkochen lassen und mit Salz und Pfeffer würzen. Die Speisestärke mit wenig kaltem Wasser anrühren und unter die Chilisauce mischen.

▼

Die Nudeln in einer Pfanne in 2 EL Öl knusprig braten. Die Hähnchenbrüste quer in 5 Streifen schneiden, mit Salz und Pfeffer würzen und in 1 EL Öl anbraten. Den Sesam dazugeben und untermischen.

Kartoffelchips
mit Ofentomaten-Dip

Zutaten für 2–4 Personen

10 Thymianzweige
1 rote Paprikaschote
7 Tomaten · 2 Knoblauchzehen
Salz · 4 EL Olivenöl
5 Kartoffeln mit feiner Schale
6 EL Butterschmalz
10 getrocknete Tomaten

Den Backofen auf 180 °C (Umluft) vorheizen. Die Thymianzweige waschen und trocken schütteln. Die Paprikaschote halbieren, entkernen, waschen und in Würfel schneiden. Die Tomaten waschen, halbieren und dabei den Stielansatz entfernen. Den Knoblauch schälen und leicht andrücken. Die Thymianzweige mit Paprikawürfeln und Knoblauch in einer ofenfesten Form verteilen und die Tomatenhälften mit der Schnittfläche nach oben daraufsetzen. Mit Salz würzen und mit Olivenöl beträufeln. Die Tomaten im Ofen 30 Minuten garen.

▼

Die Kartoffeln waschen und mit Schale in feine Scheiben hobeln. Die Kartoffelscheiben 3 Minuten in kaltes Wasser legen. Dann in ein Sieb abgießen und die Scheiben trocken tupfen. Butterschmalz in einer großen Pfanne erhitzen und die Kartoffelscheiben darin goldbraun frittieren. Die Chips herausheben, auf Küchenpapier abtropfen lassen und mit Salz würzen.

▼

Die Form mit den Tomaten aus dem Ofen nehmen, Thymian entfernen, die übrigen Zutaten und die getrockneten Tomaten mit dem Pürierstab fein mixen. Die Kartoffelchips mit dem Dip servieren.

Perlhuhn im Ganzen
mit warmem Lauchsalat

Zutaten für 4 Personen

3 unbehandelte Limetten
2 Zwiebeln
2 Oreganozweige
3 Rosmarinzweige
2 rote Peperoni
1 Perlhuhn (700–900 g; küchenfertig)
Salz · schwarzer Pfeffer aus der Mühle
4 Tomaten
2 rote Paprikaschoten
1 Schuss Weißwein
1 Knoblauchzehe
Meersalz
10 EL Olivenöl
2 EL Weißweinessig
2 Lauchstangen

Zwei Limetten heiß waschen, abtrocknen und vierteln. Die Zwiebeln schälen und ebenfalls vierteln. Oregano- und Rosmarinzweige waschen und trocken schütteln, die Rosmarinnadeln abzupfen. Die Peperoni halbieren, entkernen, waschen und quer in Streifen schneiden. Das Perlhuhn innen und außen waschen, trocken tupfen, mit Salz und Pfeffer würzen und mit Limetten, Zwiebeln und Oregano füllen. Die Keulen mit einem spitzen Messer in Abständen einschneiden und mit Peperoni und Rosmarinnadeln spicken.

▼

Den Backofen auf 160 °C (Umluft) vorheizen. Die Tomaten waschen, vierteln und dabei die Stielansätze entfernen. 1 Paprikaschote halbieren, entkernen, mit dem Sparschäler die Haut entfernen und die Paprikaschote in Würfel schneiden. Tomaten, Paprika und Weißwein in einen Bräter geben, das Perlhuhn daraufsetzen und im vorgeheizten Ofen 1 Stunde garen. Dann die Ofentemperatur auf 180 °C erhöhen und das Perlhuhn weitere 30 Minuten garen.

▼

Die zweite Paprikaschote und die Knoblauchzehe schälen und grob hacken. Die Limette heiß waschen, abtrocknen und die Schale abreiben. Paprika, Knoblauch, Limettenschale, Meersalz und 3 bis 4 EL Olivenöl im Mörser zu einer Paste zerreiben.

▼

Essig, Salz und 4 EL Olivenöl zu einer Marinade verrühren. Den Lauch putzen, waschen, die dunkelgrünen Blätter entfernen, die Stangen in breite Scheiben schneiden. Die Lauchscheiben in kochendem Salzwasser 1 bis 2 Minuten blanchieren, in ein Sieb abgießen und noch lauwarm mit der Marinade mischen.

▼

Das Perlhuhn herausnehmen, auf einen Teller setzen und mit Alufolie bedeckt ruhen lassen. Den Backofen eingeschaltet lassen. Das Perlhuhn zerteilen, d. h., die Keulen entfernen und im Gelenk durchschneiden, die Brust abschneiden. Bruststücke mit der Paprikapaste einstreichen, mit den Keulen auf eine ofenfeste Platte geben und im Ofen noch mal 10 Minuten garen.

▼

Den Schmorsud mit Tomaten und Paprika durch ein Sieb streichen und aufkochen lassen. Mit Salz und Pfeffer abschmecken und das restliche Olivenöl unterschlagen. Die Bruststücke in Scheiben schneiden und mit den Keulen auf dem Lauchsalat anrichten.

Hot & spicy

Curry-Couscous
mit Cashewkernen

Zutaten für 2 Personen

1 EL Butter
1 TL Currypulver
1 Schuss Weißwein
300 ml Gemüsebrühe
3–5 EL Couscous
50 g Cashewkerne
3 Korianderstiele
2 Petersilienstiele
Salz

Die Butter in einem kleinen Topf bei mittlerer Hitze aufschäumen lassen, das Currypulver dazugeben und unter Rühren anschwitzen. Mit Weißwein ablöschen, die Brühe hinzufügen und aufkochen lassen. Den Couscous unter Rühren einrieseln lassen, den Topf vom Herd nehmen und den Couscous zugedeckt 6 bis 8 Minuten quellen lassen.

▼

Die Cashewkerne grob hacken. Koriander und Petersilie waschen, trocken schütteln, die Blätter abzupfen und fein hacken. Die Kräuter mit 1 Prise Salz unter den Couscous mischen. Den Couscous unter gelegentlichem Rühren wieder erhitzen. Der Curry-Couscous passt zum heiß marinierten Rinderfilet in süßsaurem Sud von Seite 147.

Karamell-Chips
mit Macadamianüssen und Pfeffer

Zutaten für 2 Personen

20 Karamellbonbons (z. B. Werther's Echte)
8 Macadamianüsse (ungesalzen)
10 Spekulatiuskekse
schwarzer Pfeffer aus der Mühle

Den Backofen auf 160 °C (Umluft) vorheizen. Ein Backblech mit Backpapier auslegen. Die Bonbons auswickeln, auf dem Blech verteilen und im vorgeheizten Ofen 8 bis 10 Minuten schmelzen lassen.

In der Zwischenzeit die Macadamianüsse fein hacken. Die Spekulatius im Blitzhacker oder in einem Gefrierbeutel mit dem Nudelholz fein zerstoßen. Die geschmolzenen Bonbons aus dem Ofen nehmen und den Ofen eingeschaltet lassen. Das Backpapier mit den Bonbons auf die Arbeitsfläche ziehen, einen zweiten Bogen Backpapier darüberlegen und die Karamellmasse mit dem Nudelholz möglichst dünn ausrollen. 1 bis 2 Minuten abkühlen lassen.

▼

Das obere Backpapier vorsichtig abziehen. Die Karamellmasse auf dem Backpapier wieder auf das Backblech legen, mit den Macadamianüssen bestreuen und im Ofen 10 Minuten schmelzen lassen, bis die Nüsse leicht in den Karamell einsinken.

Den weichen Karamell aus dem Ofen nehmen und mit wenig Pfeffer sowie dem Spekulatiuspulver bestreuen. Noch einmal 1 bis 2 Minuten in den Ofen geben. Die Karamellmasse auf dem Blech bei Zimmertemperatur abkühlen lassen. Zum Servieren in Stücke brechen.

Hot & spicy

Popcorn
mit Vanille-Zimt-Kardamom-Zucker

Zutaten für 2 Personen

1/3 Vanilleschote
2 EL Popcorn-Mais
Zimtpulver
Kardamompulver
3 EL brauner Zucker

Die Vanilleschote der Länge nach aufschneiden und das Mark herauskratzen. Den Popcorn-Mais mit der Vanilleschote ohne Fett in einem großen Topf zugedeckt bei mittlerer Hitze rösten, bis alle Maiskörner aufgeplatzt sind.

Das Vanillemark mit je 1 Prise Zimt- und Kardamompulver sowie braunem Zucker verrühren oder im Mörser mischen und über das warme Popcorn streuen.

Mein Tipp

Dieses Popcorn klingt zwar etwas gewöhnungsbedürftig – aber genau darin liegt der Reiz: Altbekanntes wird mit viel Fantasie zu einer raffinierten neuen Geschmackskomposition!

Korianderstangen
mit Schokolade

Zutaten für 2–6 Personen

1 unbehandelte Orange
50 g dunkle Schokolade (70–80 % Kakaoanteil)
1 TL Korianderkörner
400 g Blätterteig (aus dem Kühlregal)
2 Eigelb (verquirlt)

Die Orange heiß waschen, abtrocknen und die Schale fein abreiben. Die Schokolade grob raspeln. Den Koriander in die Gewürzmühle füllen. Den Backofen auf 200 °C (Umluft) vorheizen.

Den Blätterteig auf der Arbeitsplatte ausbreiten, mit dem Nudelholz leicht ausrollen und mit wenig Eigelb bestreichen. Aus der Gewürzmühle etwas Koriander daraufmahlen. Die Orangenschale und eine dicke Schicht Schokolade darauf verteilen. Den Blätterteig über der Mitte zusammenklappen, mit dem restlichen Eigelb bestreichen und in lange Stangen schneiden. Auf ein mit Backpapier ausgelegtes Blech legen und im vorgeheizten Ofen 10 Minuten goldbraun backen. Die Korianderstangen abkühlen lassen und zum Servieren senkrecht in ein breites Glas stellen.

Banane
im Frühlingsrollenteig

Zutaten für 2 Personen

1 unbehandelte Limette
½ TL Szechuanpfeffer
1 EL Cashewkerne (ungesalzen)
1 EL brauner Zucker
1 reife Banane
10 Schattenmorellen (aus dem Glas)
6 große Blätter Frühlingsrollenteig (tiefgekühlt; ca. 15 x 15 cm groß)
1 Eiweiß
3 EL Butterschmalz
1 EL Puderzucker

Die Limette heiß waschen und abtrocknen. Die Schale fein abreiben und den Saft auspressen. Den Szechuanpfeffer mit den Cashewkernen in einer Pfanne ohne Fett anrösten. In einen Mörser geben, kurz abkühlen lassen und grob zerreiben. Den braunen Zucker und die Limettenschale hinzufügen und untermischen.

Die Banane schälen, mit einer Gabel zerdrücken und mit etwas Limettensaft beträufeln. Die Schattenmorellen fein hacken und mit dem Cashewkern-Pfeffer-Zucker unter das Bananenmus mischen.

Die Teigblätter auf der Arbeitsfläche auslegen, mit verquirltem Eiweiß bestreichen und die Bananenmasse gleichmäßig darauf verteilen. Den Teig seitlich etwas einschlagen und aufrollen.

Das Butterschmalz in einer großen Pfanne erhitzen und die Teigrollen darin unter Wenden goldgelb frittieren. Die Rollen herausheben und auf Küchenpapier abtropfen lassen. Mit Puderzucker bestäuben und auf einer Platte anrichten.

Mein Tipp

Am besten formen Sie fingerdicke Röllchen, die sich schnell ausbacken lassen und anschließend nicht durchweichen. Aber Vorsicht beim Reinbeißen – die Füllung ist sehr heiß!

Koch *doch*. Grillen

Grillen

Eisbergsalat
mit Joghurt-Dip

Zutaten für 6 Personen

1 Kopf Eisbergsalat
250 g Naturjoghurt
Salz · schwarzer Pfeffer aus der Mühle
Saft von ½ Zitrone
1 Schuss Alexanders Würzöl (siehe Seite 10)

Vom Eisbergsalat die äußeren Blätter entfernen, den Salat halbieren, den Strunk herausschneiden und den Salat in Dreiecke schneiden. Salat waschen und gut trocken schleudern.

Den Eisbergsalat dekorativ auf Tellern anrichten. Den Joghurt mit Salz und Pfeffer würzen, den Zitronensaft und Alexanders Würzöl dazugeben und verrühren. Den Joghurt-Dip separat zum Salat servieren.

Fenchelsalat
mit Grapefruit

Zutaten für 6 Personen

2 Fenchelknollen
1 rosa Grapefruit
2–3 Estragonstiele
1–2 EL weißer Aceto balsamico
Salz
3–4 EL Olivenöl

Die Fenchelknollen putzen, halbieren und den Strunk herausschneiden. Den Fenchel in sehr feine Streifen schneiden. Die Grapefruit mit einem Messer so schälen, dass die weiße Haut mit entfernt wird. Die Fruchtfilets herausschneiden und den Saft dabei auffangen. Den Fenchel mit dem Grapefruitsaft vermischen.

Den Estragon waschen, trocken schütteln und die Blätter abzupfen. Essig und Estragonblätter zum Salat geben und mit Salz würzen. Die Grapefruitfilets dazugeben und mit Olivenöl beträufeln. Wer mag, kann geröstete Brotscheiben dazu servieren.

Mein Tipp

Je kleiner der Salat zerteilt wird, umso schneller wird er welk. Von daher ist das Zerteilen in Dreiecke ideal für ein Grillfest, da der Salat auf diese Weise lange knackig bleibt.

Grillen

Karotten-Speck-Salat
mit Ingwer

Zutaten für 6 Personen

150 g Speck (gekocht und geräuchert)
3 EL Sonnenblumenöl
3 Karotten
3 Stiele glatte Petersilie
4–7 Scheiben frischer Ingwer (geschält)
1 EL Aceto Balsamico oder
Alexanders Balsamicosirup (siehe Seite 11)
Meersalz

Den Speck in Streifen schneiden und in einem Topf im Sonnenblumenöl bei kleiner Hitze anbraten.

Die Karotten schälen, längs halbieren und in schräge Scheiben schneiden. Zum Speck geben und langsam mitdünsten. Die Petersilie waschen, trocken schütteln, die Blätter abzupfen und hacken. Die Ingwerscheiben und die Petersilie hinzufügen. Alles einmal durchschwenken und auf einer Platte oder in einer Schale anrichten. Mit dem Essig beträufeln und mit Meersalz bestreuen.

Kartoffelsalat
mediterran vom Grill

Zutaten für 6 Personen

6 gekochte Kartoffeln (mit Schale)
2 Frühlingszwiebeln
8 schwarze Oliven (ohne Stein)
1 Rosmarinzweig
4 getrocknete Tomaten
100 ml Gemüsebrühe
3 EL Olivenöl
Salz · schwarzer Pfeffer aus der Mühle
3 rote Paprikaschoten

Die Kartoffeln schälen und in Würfel schneiden. Die Frühlingszwiebeln putzen, waschen und klein schneiden. Die Oliven halbieren. Den Rosmarin waschen, trocken schütteln und die Nadeln abzupfen. Die getrockneten Tomaten klein schneiden.

Die Brühe mit den Frühlingszwiebeln, den Tomaten und dem Rosmarin aufkochen. Über die Kartoffeln geben. Oliven und Olivenöl hinzufügen und verrühren. Mit Salz und Pfeffer abschmecken.

Die Paprikaschoten halbieren, entkernen und waschen. Den Kartoffelsalat in die Paprikaschoten füllen. Die Paprikaschoten auf den Rand des Grillrosts legen und 4 bis 6 Minuten garen. Die Haut der Paprika wirkt wie eine Schutzschicht gegen zu starke Grillhitze. Die Paprikaschoten geben beim Grillen ihr Aroma an den Kartoffelsalat ab und er wird leicht erwärmt.

Gefüllte Ofenkartoffeln
mit Kräuter-Dip

Zutaten für 6 Personen

6 große Kartoffeln
Salz
1/3 Bund Schnittlauch
1/3 Kästchen Gartenkresse
4 EL Sauerrahm

Die Kartoffeln waschen und mit der Schale in Salzwasser gar kochen. Kurz ausdampfen lassen und halbieren. Das Innere der Kartoffeln mit einem Löffel oder einem Kugelausstecher herauslösen. Es sollte ein 1 cm dicker Rand stehen bleiben. Die ausgelösten Kartoffeln mit einer Gabel zerdrücken.

▼

Schnittlauch und Gartenkresse waschen, trocken schütteln und klein schneiden. Den Sauerrahm mit den zerdrückten Kartoffeln vermischen, die Kräuter unterrühren und mit Salz würzen. Den Kräuterdip in die ausgehöhlten Kartoffeln füllen. Die Kartoffelhälften wieder zusammensetzen. Einzeln in Alufolie wickeln und 5 bis 8 Minuten grillen.

Steckerlbrot
vom Grill

Zutaten für 6 Personen

500 g Mehl
1 Würfel frische Hefe (42 g)
Zucker
Salz
1 EL Butter
Öl

Das Mehl in eine Schüssel sieben und in die Mitte eine Mulde drücken. Die Hefe in 250 ml lauwarmem Wasser mit 1 Prise Zucker verrühren. In die Mulde geben. Mit einem Tuch bedecken und 10 bis 12 Minuten an einem warmen Ort gehen lassen. Den Teig mit 1 Prise Salz und der Butter verkneten und erneut 20 Minuten bei Zimmertemperatur gehen lassen.

▼

Einen langen, 3 cm dicken Stecken oder Besenstiel mit Alufolie umwickeln. Die Alufolie auf etwa 60 cm Länge dünn mit Öl einpinseln. Vom Teig kleine Stücke abnehmen, in der Hand verkneten und zu 2 cm dicken Rollen formen. Diese Rollen sofort um die Alufolie wickeln. Die einzelnen Rollen aneinandersetzen, sodass eine lange aufgewickelte Rolle entsteht. Den Brotstecken in 15 cm Entfernung vom Grill backen. Dabei alle 2 bis 3 Minuten drehen, bis das Brot von allen Seiten gebacken ist. Je nach Dicke des Teigs ist das Brot nach 10 bis 14 Minuten fertig. Kurz abkühlen lassen und mit der Alufolie vom Stecken ziehen. Die Alufolie lässt sich dank des Ölfilms leicht aus dem Brot ziehen. Das Steckerlbrot schmeckt herrlich nach Grill und ist eine Bereicherung für jede Grillparty.

Grillen

Cocktailtomaten
in Balsamico geschmort

Zutaten für 6 Personen

24–30 Cocktailtomaten (an der Rispe)
8 Thymianzweige
1–2 Knoblauchzehen
Meersalz
2 EL Aceto Balsamico
3–4 EL Olivenöl

Den Backofen auf 180 °C (Umluft) vorheizen. Die Cocktailtomaten mit einer Schere von der Rispe schneiden, das Grün daranlassen. Die Cocktailtomaten waschen. Thymian waschen, trocken schütteln und die Blätter abzupfen. Den Knoblauch schälen und in Scheiben schneiden.

▼

Die Tomaten mit Thymian und Knoblauch in eine Auflaufform geben und mit Meersalz bestreuen. Balsamico und Olivenöl darübergießen. Im vorgeheizten Ofen etwa 12 Minuten schmoren, bis sie leicht aufplatzen. Die Tomaten sollten nach dem Schmoren noch 30 Minuten im Fond marinieren.

Gegrillte Aubergine
mit Mozzarella und Salami gefüllt

Zutaten für 6 Personen

1–2 mittelgroße Auberginen
150 g Mozzarella
12 sehr dünne Salamischeiben
2–3 Basilikumstiele
2 Frühlingszwiebeln
1–2 EL weißer Aceto Balsamico
2–4 EL Olivenöl
Salz · schwarzer Pfeffer aus der Mühle

Die Aubergine putzen, waschen und in 6 große, etwa 1 1/2 cm dicke Scheiben schneiden. Die Scheiben waagerecht bis zu zwei Dritteln einschneiden. Den Mozzarella in Scheiben schneiden und einzeln in die Salamischeiben wickeln. Die Auberginenscheiben damit füllen. Die Auberginen auf beiden Seiten leicht braun grillen.

Basilikum waschen, trocken schütteln, die Blätter abzupfen und hacken. Die Frühlingszwiebeln putzen, waschen und in Ringe schneiden. Mit Essig und Olivenöl zu einer Vinaigrette verrühren, Basilikum untermischen und mit Salz und Pfeffer würzen. Die Auberginenscheiben mit der Vinaigrette beträufeln.

Mein Tipp

Mit ein bisschen Übung kann man auch eine ganze Aubergine einschneiden und füllen. Im Ganzen gegrillt wird sie noch aromatischer.

Grillen

Forellenfilet
im Speckmantel mit Gurkenkaltschale

Zutaten für 6 Personen

4–6 Forellenfilets (ohne Haut und Gräten)
2–3 Estragonstiele
12 dünne Scheiben Wammerl
(gekocht und geräuchert)
2 Salatgurken
1 Knoblauchzehe
Salz
1 Msp. Chilipulver
250 g Sauerrahm
1/2 Kopfsalat

Die Forellenfilets in 5 cm große Stücke schneiden. Den Estragon waschen, trocken schütteln, die Blätter abzupfen und die Forellenfilets damit belegen. Jeweils 2 Scheiben aufeinanderlegen und mit den Speckscheiben vollständig umwickeln. Bei mittlerer Hitze 3 bis 5 Minuten grillen, dabei häufig wenden.

▼

Die Gurken schälen, halbieren und entkernen. Den Knoblauch schälen. Die Gurken mit Knoblauch, Salz und Chili mit dem Stabmixer fein pürieren. Den Sauerrahm untermixen und auf Eiswürfeln kühl stellen. Den Kopfsalat putzen, die Blätter ablösen, waschen, trocken schleudern und in feine Streifen schneiden. Auf tiefe Teller verteilen, die Gurkenkaltschale darübergießen und die gegrillte Forelle darauf anrichten.

Scampi-Eintopf
vom Grill

Zutaten für 1–2 Personen

5 Scampi
8 Cocktailtomaten
1 Knoblauchzehe
1/2 Fenchelknolle
1–2 Estragonstiele
10 Safranfäden
Salz
Olivenöl

Die Scampi schälen, am Rücken entlang einschneiden und den schwarzen Darm entfernen. Waschen und trocken tupfen. Die Cocktailtomaten waschen und trocken abreiben. Den Knoblauch schälen und in dünne Scheiben schneiden. Den Fenchel putzen, waschen und in feine Streifen schneiden. Den Estragon waschen und trocken schütteln.

▼

Scampi, Tomaten, Knoblauch, Fenchel und Estragon auf einem großen Bogen Alufolie verteilen. Mit Safran und Salz würzen und mit Olivenöl beträufeln. Die Alufolie über den Zutaten zusammenschlagen und gut verschließen. Auf dem Grill 4 bis 7 Minuten garen.

▼

Zum Scampi-Eintopf schmecken geröstete Ciabatta-Scheiben sehr gut.

Hähnchenhaxen
heiß mariniert

Zutaten für 6 Personen

10 Schalotten
4 Knoblauchzehen
1/2 Bund Thymian
1,5 l Gemüsebrühe
500 ml Weißwein
2 Lorbeerblätter
Salz
18 Hähnchenschenkel
1 TL Paprikapulver
1/2 TL Cayennepfeffer

Den Backofen auf 120 °C (Umluft) vorheizen. Die Schalotten und Knoblauchzehen schälen und in feine Streifen schneiden. Den Thymian waschen und trocken schütteln. Die Brühe und den Weißwein aufkochen. Schalotten, Knoblauch, Thymian und Lorbeerblätter dazugeben, mit Salz würzen und 2 Minuten köcheln lassen.

▼

Die Hähnchenschenkel waschen und trocken tupfen. Nebeneinander in einen Bräter legen und mit dem kochenden Sud aufgießen. Im vorgeheizten Ofen 15 Minuten ziehen lassen.

▼

Anschließend bei Zimmertemperatur abkühlen lassen. Die Hähnchenschenkel aus dem Sud nehmen, abtropfen lassen, gut trocken tupfen und mit Paprikapulver und Cayennepfeffer würzen. Auf den Grill legen. Die Hähnchenschenkel sind gar, wenn die Haut schön kross ist.

Hackfleischbällchen
mit geschmorten Pilzen

Zutaten für 6 Personen

2 Gewürzgurken
200 g gemischtes Hackfleisch
Salz · schwarzer Pfeffer aus der Mühle
1 EL Senf
300 g Champignons
4 Frühlingszwiebeln
1 TL Butterschmalz
1 Spritzer weißer Aceto Balsamico
1 Schuss Weißwein (50 ml)
6 Radieschen
1/3 Bund Schnittlauch

Die Gewürzgurken abtropfen lassen und in Würfel schneiden. Das Hack mit Salz und Pfeffer würzen, Gewürzgurken und Senf dazugeben und alles gründlich vermischen. Aus dem Hackfleisch mit den Händen 12 Bällchen formen.

▼

Die Champignons putzen, trocken abreiben und in Scheiben schneiden. Die Frühlingszwiebeln putzen, waschen und in Stücke schneiden. Mit den Champignons in einer Pfanne in 1 TL Butterschmalz anbraten. Die Champignons auf einen DIN-A4-großen Bogen Alufolie geben. Die Hackfleischbällchen darauf verteilen. Mit Essig und Weißwein beträufeln. Die Alufolie zusammenfalten und fest verschließen. Auf dem heißen Grill 15 Minuten grillen.

▼

Die Radieschen putzen, waschen und in Scheiben hobeln. Den Schnittlauch waschen, trocken schütteln und in Röllchen schneiden. Mit Salz bestreuen und ziehen lassen. Die Folie vorsichtig öffnen und die Bällchen mit Radieschen und Schnittlauch garnieren.

Grillen

Gegrillte Avocado
mit zweierlei Thunfisch

Zutaten für 2–4 Personen

1–2 Avocados
1 Thunfischsteak (à 300 g)
Saft von ½ Zitrone
Chiliflakes
Salz · schwarzer Pfeffer aus der Mühle
2–3 EL Olivenöl
1–2 Tomaten
2–3 Basilikumstiele
Meersalz

Die Avocados halbieren und entsteinen. Die Avocadohälften mit den Schnittflächen nach unten bei mittlerer Hitze so lange grillen, bis das typische Grillmuster entstanden ist.

▼

Ein Drittel des Thunfischs in Würfel schneiden und mit Zitronensaft, Chiliflakes, Salz, Pfeffer und Olivenöl vermischen. Wie ein Tatar marinieren. Das große Thunfischsteak mit Salz würzen und mit etwas Olivenöl bestreichen. Das Steak auf beiden Seiten grillen. Der Fisch sollte in der Mitte noch glasig bleiben, aber lauwarm sein.

▼

Die Tomaten waschen, halbieren, dabei den Stielansatz herausschneiden, entkernen und in kleine Würfel schneiden. Das Basilikum waschen, trocken schütteln, die Blätter abzupfen, ein paar beiseite legen, den Rest klein schneiden. Die Tomaten mit Basilikum, Meersalz, Pfeffer und Olivenöl verrühren.

Die Avocados mit der gegrillten Seite nach oben anrichten, die Basilikumblätter darauflegen und das Thunfischtatar hineinsetzen. Den gegrillten Thunfisch in Scheiben schneiden und dekorativ daneben anrichten. Mit dem Tomaten-Basilikum-Öl beträufeln.

Mein Tipp

Avocados sind kein Gemüse, sondern Obst. Es sind die Beerenfrüchte eines immergrünen Baumes. Avocados enthalten zwar viel Fett (bis zu 30 %), sind aber auch sehr gesund. Hauptbestandteile sind mehrfach ungesättigte Fettsäuren, Mineralstoffe wie Kalium, Magnesium und Eisen sowie Eiweiß.

Grillen

Lagerfeuer-Lachs
im Fladenbrot

Zutaten für 6–8 Personen

1 Lachsseite mit Haut und Schuppen
(ca. 1,2 kg; ohne Gräten)
Salz
1 Kartoffel
1 Bund Thymian
150 ml Alexanders Würzöl (siehe Seite 10)
3 Salatgurken
3 Knoblauchzehen
150 g Crème fraîche
1 TL getrocknete Chiliflakes
2 Pitabrote

Ein großes, dickes Holzbrett, das auf jeder Seite mindestens 5 cm breiter und 10 cm länger sein sollte als die Lachsseite, in der Mitte großzügig mit Alufolie umwickeln. Den Lachs waschen, trocken tupfen, mit Salz würzen. Mit der Hautseite auf die Alufolie legen.

Die Kartoffel waschen und in 5 x 1 cm dicke Scheiben schneiden. Die Kartoffelscheiben auf dem Lachs verteilen und jeweils 1 sauberen Nagel durch die Kartoffeln schlagen, sodass der Lachs auf dem Holzbrett fest verankert ist. Das verhindert, dass der Lachs beim Garen ins Lagerfeuer fällt.

▼

Den Thymian waschen und trocken schütteln. Am unteren Stiel fest mit Küchengarn umwickeln, sodass eine Art Thymianpinsel entsteht. Das Würzöl in eine kleine Schüssel geben, den Thymian hineintauchen und den Lachs großzügig mit dem Öl bestreichen. Den Lachs auf zwei Steinen neben dem Lagerfeuer so platzieren, dass er leicht schräg steht und noch genügend Hitze bekommt, etwa 70 bis 80 °C. Den Lachs 10 bis 20 Minuten langsam garen. Dabei das Brett um 180 Grad drehen, damit der Fisch von allen Seiten gleichmäßig Hitze erhält. Den Lachs immer wieder mit dem Würzöl bestreichen.

Die Salatgurken putzen, waschen und grob raspeln. Die Knoblauchzehen schälen und fein hacken. Die Gurken mit dem Knoblauch, der Crème fraîche, den getrockneten Chiliflakes und Salz vermischen. Etwa 10 Minuten ziehen lassen.

Den gegarten Lachs vom Feuer nehmen, die Nägel und Kartoffelscheiben entfernen und das Lachsfleisch mit einem Löffel vorsichtig von der Hautseite abstreifen. Die Pitabrote vierteln, in die Mitte wie für Gyros Taschen schneiden und die Gurken sowie den Lachs darin verteilen.

Mein Tipp

Diese Grillidee klingt auf den ersten Blick vielleicht kurios. Denn hier ist das Können des Grillmeisters gefordert. Das Ergebnis überzeugt aber jeden.

Hähnchenschenkel
im Lagerfeuer geschmort

Zutaten für 6–8 Personen

10 Hähnchenschenkel
2 EL gesalzene Rauchmandeln
1 EL Paprikapulver
1 TL Cayennepfeffer
1 TL getrocknete rote Pfefferbeeren
1 EL getrocknete Petersilie
1 TL getrockneter Thymian
Salz
10 Karotten
20 Schalotten
8 Knoblauchzehen
480 g ganze Schältomaten (aus der Dose)
400 ml Gemüsebrühe

Von den Hähnchenschenkeln die Haut abziehen und die Schenkel am Gelenk halbieren. Die abgezogene Haut auf den Boden eines großen gusseisernen Bräters (mit Deckel) flach verteilen.

▼

Für das Schmorhähnchengewürz die gesalzenen Rauchmandeln in einen Blitzhacker geben und möglichst fein mahlen. Mit Paprikapulver, Cayennepfeffer, getrockneten Pfefferbeeren sowie Petersilie und Thymian und 1 TL Salz gut vermischen.

▼

Die Hähnchenschenkel mit der Gewürzmischung gut einreiben. Die Hähnchenschenkel dicht nebeneinander auf der Hautseite in den Bräter legen, sodass der Boden des Bräters vollständig mit den Hähnchenkeulen bedeckt ist.

Die Karotten schälen und einmal halbieren. Die Schalotten und die Knoblauchzehen schälen. Die Schalotten auf die Hähnchenschenkel geben, die Knoblauchzehen darauf verteilen und zum Schluss die Karotten daraufgeben. Die Schältomaten und die Brühe dazugießen, mit Salz würzen und den Bräter mit dem Deckel verschließen. Den Bräter in die Glut des Lagerfeuers setzen oder in einem Dreibein mit einer Kette direkt in das Feuer hängen. 40 bis 60 Minuten garen.

▼

Den heißen Bräter vorsichtig aus der Glut nehmen und den Deckel entfernen. Prüfen, ob die Hähnchenschenkel gar sind. Dafür mit einem spitzen Messer in einen Hähnchenschenkel stechen. Fühlt es sich an, als würde man in ein zimmerwarmes Stück Butter stechen, sind die Hähnchenschenkel fertig und verzehrbereit. Falls nicht, den Deckel noch einmal auflegen und den Bräter erneut ins Feuer stellen. Zu den Hähnchenschenkeln passt am besten Brot.

Mein Tipp

Die Hähnchenschenkel lassen sich zu Hause gut vorbereiten und ohne viel Aufwand zum Beispiel auf einer Beachparty zubereiten.

Grillen

Mango-Chili-Chutney
mit Schalotten

Zutaten für 6 Personen

7 Schalotten
2 EL Olivenöl
200 ml Weißwein
½ Knoblauchzehe (geschält)
1 Mango
Chiliflakes
Salz · schwarzer Pfeffer aus der Mühle

Die Schalotten schälen und in Würfel schneiden. In einer Pfanne im Olivenöl andünsten. Mit Weißwein ablöschen, den Knoblauch dazugeben und um ein Drittel einkochen lassen.

▼

Die Mango schälen, das Fruchtfleisch vom Stein schneiden und grob raspeln. Zu den Schalotten geben und zu einem Chutney einkochen lassen. Das Chutney mit Chiliflakes, Salz und Pfeffer würzen.

Mein Tipp

Statt mit Mango kann man auch mit Papaya oder Ananas ein Chutney kochen.

Poularden-Scampi-Spieß
mit gegrilltem Oliventoast

Zutaten für 6 Personen

2 Maispoulardenbrüste (ohne Haut)
12 Scampi
Salz · schwarzer Pfeffer aus der Mühle
2–3 Scheiben Tramezzini-Brot
2 EL Olivenpaste

Die Maispoulardenbrüste waschen, trocken tupfen und in 12 dicke Stücke schneiden. Die Scampi schälen (das hintere Schwanzstück nach Belieben dranlassen). Die Scampi am Rücken entlang einschneiden, den schwarzen Darm entfernen, die Scampi waschen und trocken tupfen. Jeweils 1 Scampo und 1 Stück Poulardenbrust auf gewässerte Holzspieße stecken, mit Salz und Pfeffer würzen. Die Spieße auf beiden Seiten saftig grillen.

▼

Die Brotscheiben mit der Olivenpaste bestreichen, jeweils 2 Brotscheiben aufeinanderlegen und auf beiden Seiten kross grillen. Dazu das Mango-Chili-Chutney (siehe links) servieren.

Grillteller (Schwein, Rind, Lamm und Hack)
und Petersilien-Knoblauch-Sauce

Zutaten für 6 Personen

1 Chilischote
1 1/2 Knoblauchzehen
Meersalz
1/2 TL Szechuanpfeffer
1–2 EL Olivenöl
6 Schweinekoteletts (à 70 g)
18 Basilikumblätter
6 Rinderhüftsteaks (à 70 g)
3 Rosmarinzweige
6 Lammkeulen (ausgelöst; à 50 g)
6 große Champignons
160 g Bratwurstbrät
1/2 Bund glatte Petersilie
Saft von 1/2 Zitrone
4 EL Crème fraîche

Die Chilischote putzen, waschen und trocken reiben. Die Knoblauchzehen schälen. 1 Knoblauchzehe und die Chilischote mit 1 TL Meersalz, dem Szechuanpfeffer und dem Olivenöl im Mörser zu einer Paste zerreiben. Die Schweinekoteletts damit auf beiden Seiten bestreichen.

▼

Das Basilikum waschen und trocken schütteln. Die Rinderhüftsteaks an der Seite einschneiden und mit Basilikumblättern füllen.

▼

Rosmarin waschen und trocken schütteln. Die Lammkeulen mit einem kleinen dünnen Messer durchstechen und mit Rosmarinnadeln spicken.

Die Champignons putzen, trocken abreiben und die Stiele herausdrehen. Das Bratwurstbrät in die ausgehöhlten Champignons füllen.

▼

Die Petersilie waschen, trocken schütteln und die Blätter abzupfen. In kochendem Wasser kurz blanchieren und in Eiswasser abschrecken. Die Petersilienblätter gut ausdrücken und mit dem Zitronensaft beträufeln.

▼

Die Petersilie, die restliche 1/2 Knoblauchzehe und die Crème fraîche mit dem Pürierstab fein mixen und mit Salz würzen.

▼

Das Fleisch von beiden Seiten auf dem Grill zubereiten. Die gefüllten Champignons auf dem Grill langsam garen. Die Petersilien-Knoblauch-Sauce und die gefüllten Ofenkartoffeln von Seite 161 dazu servieren.

Mein Tipp

Das auf diese Weise zubereitete Fleisch ist ohne lange Marinierzeit sehr schnell aromatisiert und kann spontan gegrillt und genossen werden.

Pochierter Rehrücken
mit gegrillter Melone und Pinienvinaigrette

Zutaten für 4–6 Personen

1 Rehrückenfilet (ca. 450 g)
Salz · schwarzer Pfeffer aus der Mühle
1 EL Sonnenblumenöl
6 Thymianzweige
4 Wacholderbeeren
2 EL alter Aceto Balsamico oder Alexanders Balsamicosirup (siehe Seite 11)
1/8 Wassermelone
1/2 orangefleischige Melone (z. B. Charentais)
50 ml Pinienöl (siehe Tipp)

Den Rehrücken mit Salz und Pfeffer würzen. In einer Pfanne im Sonnenblumenöl rundherum anbraten. Den Thymian waschen und trocken schütteln. Die Wacholderbeeren etwas andrücken. Den Rehrücken aus der Pfanne nehmen und auf einen großen Bogen Alufolie legen. Thymian und Wacholderbeeren daraufgeben, 1 EL Balsamico darüberträufeln und die Alufolie gut verschließen.

▼
Den Rehrücken in einem Bräter im Wasserbad bei etwa 80 °C 10 bis 12 Minuten pochieren. Herausnehmen und bei Zimmertemperatur abkühlen lassen.

▼
Die beiden Melonen schälen, entkernen und in größere Stücke schneiden. Auf beiden Seiten kurz grillen.

Die Melonenstücke auf einer Platte verteilen. Den Rehrücken dünn aufschneiden, auf die Melone legen und mit 1 EL Aceto Balsamico oder Alexanders Balsamicosirup und mit Pinienöl beträufeln.

Mein Tipp

Das Pinienöl stelle ich selbst her. Dafür 4 EL Pinienkerne in einer Pfanne ohne Fett rösten. In ein geeignetes Gefäß füllen, mit 100 ml Olivenöl aufgießen und 1 bis 2 Tage ziehen lassen. Pinienöl hält sich am besten an einem kühlen, dunklen Ort.

Grillen

Gefüllter Schweinerücken vom Grill
mit Rucola-Zwiebel-Salat

Zutaten für 6–8 Personen

2 Schweinerücken (à 500 g) · Salz
1 TL Senfkörner
1 TL Kreuzkümmel
2 TL Szechuanpfeffer
40 ml Cognac
300 g Blattspinat
schwarzer Pfeffer aus der Mühle
4 weiße Zwiebeln
50 ml weißer Aceto Balsamico
100 ml Rapsöl
1–2 Bund Rucola

Die Schweinerücken mit einem langen Messer der Form des Fleisches entlang bis etwa zur Hälfte 1 cm dick einschneiden. Das aufgeschnittene Fleisch zur Seite klappen. Das restliche Fleischstück ebenso einschneiden, die Seite ebenfalls auseinanderklappen, sodass ein großes flaches Stück entsteht. Falls nötig, etwas flach klopfen. Schweinerücken mit Salz würzen.

▼

Senfkörner, Kreuzkümmel, Szechuanpfeffer in einer Pfanne 40 Sekunden rösten. Die Pfanne vom Herd nehmen, schräg halten und den Cognac vorsichtig hineingießen. Mit einem Streichholz entzünden und die Gewürzmischung so lange flambieren, bis der Cognac vollkommen verdampft ist. Nun in einem Mörser zerstoßen und gleichmäßig auf den beiden Schweinerücken verteilen.

▼

Den Spinat putzen, d. h., die harten Stiele entfernen und die Blätter waschen. In kochendem Salzwasser 10 Sekunden blanchieren, in kaltem Wasser abschrecken, abgießen und gut ausdrücken. Mit Salz und Pfeffer würzen. Den Spinat auf dem Fleisch verteilen, das Fleisch aufrollen und mit Küchengarn zusammenbinden. Auf dem Grill langsam rosa garen.

Die Zwiebeln schälen und in dünne Streifen schneiden. 60 Sekunden in kochendem Salzwasser blanchieren und gut abtropfen lassen. Essig und Rapsöl verrühren, mit Salz und Pfeffer würzen und die noch lauwarmen Zwiebelstreifen darin marinieren. Den Rucola putzen, d. h., die harten Stiele entfernen, Rucola waschen und trocken schütteln.

▼

Kurz vor dem Servieren den Rucola mit den Zwiebeln mischen und auf eine Platte geben. Die Schweinerücken in Scheiben schneiden und darauf anrichten.

Mein Tipp

Sie können auch noch einige Cocktailtomaten an der Rispe mit auf den Grill legen. Oder die Cocktailtomaten von Seite 162 dazu servieren.

Grillen

Gegrillte Kirschen
mit gerösteter Brioche

Zutaten für 6 Personen

300 g Herzkirschen
1/2 TL weiche Butter
1 TL brauner Zucker
1 Vanilleschote
40 ml Kirschschnaps
6 dicke Scheiben Brioche
(süßes französisches Hefegebäck)
80 g Crème fraîche
Saft von 1/2 Zitrone
1 TL Zucker

Die Kirschen waschen, trocken schütteln, mit einem kleinen Messer halbieren und entkernen. Einen DIN-A3-großen Bogen Alufolie in der Mitte mit der Butter bestreichen und mit dem braunen Zucker bestreuen. Die Kirschen darauf verteilen. Die Vanilleschote halbieren, das Mark herauskratzen und auf die Kirschen geben. Den Kirschschnaps daraufträufeln und die Alufolie gut zusammenfalten. Die Kirschen 10 Minuten auf den Grill legen und schmoren lassen, bis sie leicht karamellisiert sind.

▼

Die Brioche-Scheiben von beiden Seiten auf dem Grill kurz rösten und auf Teller geben. Die Kirschen vorsichtig (Achtung: Dampf!) aus der Folie löffeln und samt Schmorsud auf den Brioche-Scheiben verteilen.

Die Crème fraîche mit dem Zitronensaft und dem Zucker verrühren und jeweils einen Klacks auf die Kirschen geben.

Gegrillter Pfirsich
mit Zitronenricotta und Mandelhonig

Zutaten für 4–8 Personen

250 g Mandelblättchen
6 EL Honig
4 Pfirsiche
1 unbehandelte Zitrone
250 g Ricotta
1 1/2 EL Zucker

Die Mandelblättchen in einer Pfanne ohne Fett rösten und in eine kleine Schüssel füllen, den Honig hinzufügen und etwa 2 Stunden ziehen lassen.

Die Pfirsiche waschen, halbieren, entsteinen und mit den Schnittflächen nach unten auf den Grill legen. Die Zitrone heiß waschen, trocken reiben und die Schale abreiben. Die Zitrone halbieren und den Saft auspressen. Ricotta mit Zucker, Zitronensaft und -schale glatt rühren, auf einer Platte verteilen. Die Pfirsiche darauflegen und mit dem Mandelhonig beträufeln.

Mein Tipp

Auch Aprikosen, Melonen und Birnen lassen sich gut grillen. Aprikosen harmonieren geschmacklich mit groben Bratwürstchen und Senf. Zu Melone passt Parmaschinken, zu Birnen Ziegenkäse.

Weinwissen

Für jeden Geschmack der richtige Wein

Eva Herrmann leitet im »Posthotel« in Wirsberg nicht nur das Restaurant, sondern berät auch als Sommelière die Gäste bei der Weinauswahl. In diesem Kochbuch, das sich bestimmten Anlässen und Themen widmet, gibt Eva Herrmann passende Weinempfehlungen zu den Gerichten.

1. Fingerfood & Tapas

Kleine feine Leckereien, die jedes für sich eine eigene Geschmacksnote aufweisen, machen dieses Kapitel aus. Deshalb würde ich auch beim Wein die unterschiedlichen Geschmacksrichtungen berücksichtigen. Ich finde es reizvoll, viele verschiedene Weine aus aller Welt zu servieren. Das kann zu Tapas wie Avocado-Nuss-Creme mit getoasteten Tramezzini (S. 16) zum Beispiel ein trockener Sherry sein, oder zu Chorizo-Oliven-Spießen mit Gurken (S. 24) ein trockener Madeira. Zu Shrimps-Wan-Tans mit Limette und Sauerrahm (S. 24) passt ein Schluck fruchtiger weißer Verdejo aus Spanien ebenso wie eine frische Scheurebe aus Deutschland.

2. Mediterranes Feeling

Mediterranes Feeling steht für eine gewisse Leichtigkeit des Seins, die sich in den Zutaten für die Speisen genauso ausdrückt wie im Wein. Probieren Sie einen leichten Grünen Veltliner zum Gebratenen Doradenfilet mit gehobelten Artischockenböden (S. 46) oder einen würzig frischen Sauvignon Blanc aus dem Bordeaux zum Scampi-Kräuter-Cappuccino mit Zucchini (S. 47). Auch der Rotwein sollte nicht ganz so kräftig und schwer sein. Zur Milchlammschulter mit Oliven (S. 57) passt sehr gut ein Spätburgunder, zu Rehmedaillons mit Cantucci-Bröseln und Rahmpolenta (S. 62) ein Lemberger.

3. Pasta

Bei Pasta denkt jeder sofort an Italien. Deshalb würde ich zu den meisten Pastagerichten Weine von dort aussuchen. Dabei ist es von Vorteil, dass Italien sehr viele Rebsorten hat, die nur dort an- und ausgebaut werden, also autochthon sind. Typisch für das Piemont ist beispielsweise die weiße Rebsorte Arneis, die ich zu Lasagne-Spinat-Rouladen (S. 77) empfehlen würde. Aus Sizilien kommt die Weißweinsorte Grillo, die eine gute Begleitung für Spaghetti aglio e olio ist (S. 73). Die rote Aglianico aus Süditalien bringt Weine von interessanter Struktur hervor und harmoniert gut zu Marinierten Penne mit gerösteten Kastanien (S. 76).

4. Genießen mit Freunden

Gehen Sie mit Ihren Freunden doch mal auf eine gemeinsame Weinreise in Weinbaugebiete oder zu Rebsorten, die zwar noch nicht so bekannt, aber vielversprechend sind. Servieren Sie zu Sautierten Wildwassergarnelen mit Sesam (S. 90) einen trockenen weißen Furmint aus Ungarn und einen roten Xynomavro aus Griechenland zu Maccaroni & Cheese (S. 108). Zu den Gänsefleischpflanzerln (S. 126) ist die rote Malbec interessant.

Weinwissen

5. Festlich

Wenn es festlich wird, dann empfehle ich dementsprechend hochwertige Weine. Damit meine ich solche, die eine hohe Komplexität haben, vielschichtig sind und manchmal im ersten Augenblick vielleicht etwas kompliziert schmecken. Das können charaktervolle Klassiker sein wie Chablis Grand Cru zu Avocadotörtchen mit geräucherter Entenbrust (S. 118) oder Riesling Großes Gewächs zu Spargel in der Folie mit Kartoffelmayonnaise (S. 128). Barolo oder Barbaresco sind hervorragend zu Getrüffeltem Kartoffelstampf aus dem Ofen (S. 132), Rieslaner Eiswein zur Karamellisierten Joghurtcreme (S. 134). Auch die großen Namen der Weinwelt liefern zuverlässig überzeugende Qualität. Und falls Sie noch nicht so erfahren sind in hochwertigen und meistens hochpreisigen Weinen, können Produzenten, die seit Jahren oder Jahrzehnten einen gleichmäßig hohen Standard liefern, eine sehr gute Orientierungshilfe sein.

6. Hot & Spicy

Zwei grundlegende Dinge sollten Sie bei der Auswahl von Wein zu scharfen Gerichten beachten: Das Aroma sehr junger Weine kann durch die Schärfe der Gerichte beeinträchtigt werden und sehr trockene Weine ohne viel Extrakt werden von scharfen Gerichten regelrecht »zerlegt«. Wenn Sie aber darauf achten, dass die Weine leicht gereift sind – ein Jahr oder länger – und dabei einen kleinen Anteil an Restsüße, besser noch Extraktreichtum, enthalten, dann liegen Sie immer richtig. Ein Weißer Burgunder aus Deutschland in trockener Spätleseaualität zu Curry-Couscous (S. 152) und ein Rioja Reserva zu Entenbrust mit Sesamkaramell und Ingwerkarotten (S. 148) sind ideal, jedoch eine nicht ganz billige Variante. Soll es etwas günstiger sein, dann wählen Sie einen chilenischen Cabernet Sauvignon zu Heiß mariniertem Rinderfilet in süß-saurem Sud (S. 147).

7. Grillen

Das Schöne beim Grillen ist, dass die Gerichte meist alle schon vorbereitet sind, bevor es endlich los geht. Sie weisen außerdem, wenn sie nicht gerade im Eisentopf gegart werden, deutliche Röstaromen auf. Dazu passen am besten tanninreiche Rotweine oder kräftige, dichte Weißweine aus dem Barrique. Ich könnte mir beispielsweise einen australischen Syrah zu Hackfleischbällchen mit geschmorten Pilzen (S. 165) genauso gut vorstellen wie einen kalifornischen Chardonnay aus dem Barrique zu Hähnchenschenkel im Lagerfeuer geschmort (S. 169). Beim Grillen in freier Natur sind Flaschen mit Schraub- oder Glasverschluss äußerst praktisch, damit das Öffnen schnell und unkompliziert vonstattengeht. Außerdem besteht keine Gefahr, dass der Wein durch einen Korkfehler verdorben ist.

Als Entscheidungshilfe beim Einkauf können Sie sich an Folgendem orientieren. Kaufen Sie am besten dort, wo Sie eine gute Beratung bekommen. Das kann beim Winzer selbst sein oder in einem gut sortierten Einzelhandelsgeschäft. Ansonsten gilt: Auch Fachzeitschriften geben gute Orientierungshilfen.

Rezeptregister

A
Aubergine, gegrillte, mit Mozzarella und Salami gefüllt 162
Avocado, gegrillte, mit zweierlei Thunfisch 166
Avocado-Nuss-Creme mit getoasteten Tramezzini 16
Avocadotörtchen mit geräucherter Entenbrust,
    Rucola und Brotchips 118

B
Balsamicosirup 11
Banane im Frühlingsrollenteig 154
Birnen-Schokoladen-Kuchen mit Lebkuchensahne 136
Blaubeermuffins mit Joghurt 109
Brühpulver 13
Bruschetta mit Auberginen und Pecorino 39

C
Caesarsalat mit Parmesandressing 102
Caprese im Glas mit sautierten Tintenfischen 44
Chicken Wings »Barbecue Style« mit
    Schmorhähnchen-Gewürzmischung 104
Chorizo-Oliven-Spieße mit Gurken und Olivenöl-Dip 24
Cocktailtomaten in Balsamico geschmort 162
Curry-Couscous mit Cashewkernen 152

D
Doradenfilet, gebratenes, mit gehobelten
    Artischockenböden 46

E
Eichblattsalat mit Speckgarnelen und Zitronenjoghurt 114
Eisbergsalat mit Joghurt-Dip 158
Entenbrust mit Sesamkaramell und
    Ingwerkarotten 148
Entenbrustscheiben mit Chicorée-Mandarinen-Salat 32
Entenbrustspieße mit Pfeffer-Aprikosen 20

F
Farfalle mit getrockneten Tomaten 78
Feigen in Serranoschinken gebraten 40
Feldsalat-Cappuccino mit gerösteter Blutwurst 23
Fenchelsalat mit Grapefruit 158
Forellenfilet im Speckmantel mit Gurkenkaltschale 164
Forellentatar mit frittierten Schalotten 26

G
Gänsefleischpflanzerl, gefüllte, in Mandelbutter
    mit Wirsing 126
Gänseleber mit Balsamicosirup und
    Apfel-Zwiebel-Gemüse 127
Gebackene Kalbfleisch-Kürbiskern-Pralinen
    mit scharfem Rote-Bete-Salat 19
Gebackener Salbei im Proseccoteig 63
Gebratene Wildwassergarnelen mit
    Gurken-Safran-Nudeln 91
Gebratener Seeteufel auf Safrangurken 46
Gebratenes Doradenfilet mit gehobelten
    Artischockenböden 46
Gebratenes Nussbrot mit Kartoffel-Preiselbeer-Dip 18
Gefüllte Gänsefleischpflanzerl in Mandelbutter
    mit Wirsing 126
Gefüllte Ofenkartoffeln mit Kräuter-Dip 161
Gefüllte Truthahnbrust »Thanksgiving«
    mit jungem Mais 106
Gefüllter Schweinerücken vom Grill
    mit Rucola-Zwiebel-Salat 174
Gegrillte Aubergine mit Mozzarella und Salami gefüllt 162
Gegrillte Avocado mit zweierlei Thunfisch 166
Gegrillte Kirschen mit gerösteter Brioche 176
Gegrillter Pfirsich mit Zitronenricotta
    und Mandelhonig 176
Gegrilltes iberisches Schweinefilet
    mit Gazpacho-Gemüse 56
Gelierte Zitronenmilch mit Erdbeer-Kokos-Kaltschale 110
Geröstetes Tomatenbrot »Mallorca-Style« 40

Getrüffelter Kartoffelstampf aus dem Ofen 132
Grillteller (Schwein, Rind, Lamm und Hack)
   und Petersilien-Knoblauch-Sauce 172
Grüner Spargel mit Oliven in der Folie geschmort 43

H

Hackfleischbällchen mit geschmorten Pilzen 165
Hackfleischpralinen mit Basilikum-Sauerrahm-Dip 100
Hähnchenbrust in der Folie mit Morcheln
   und Erbsenpüree 122
Hähnchenbrust mit Chilisauce und gebratenen Nudeln 150
Hähnchenhaxen heiß mariniert 165
Hähnchenschenkel im Lagerfeuer geschmort 169
Hamburger at its best 103
Heiß mariniertes Rinderfilet in süß-saurem Sud 147
Herzhafte Ricottaknödel mit Pfeffer-Zwetschgen 58
Himbeer-Tiramisu mit Schokolade 66

J

Jakobsmuscheln mit Grünem-Apfel-
   Sauerampfer-Salat 28
Joghurtcreme karamellisiert 134
Juspaste 12–13

K

Kalbfleisch-Kürbiskern-Pralinen, gebackene,
   mit scharfem Rote-Bete-Salat 19
Kalbskotelett mit Paprikaöl am Stück gebraten 98
Kalbsleber mit Rhabarber-Schalotten 128
Kaninchenfilets im Pilz-Mandel-Knoblauch-Sud 33
Kaninchenkeulen mit Bohnen-Birnen-Gemüse 124
Kaninchenkeulen nach italienischer Hausfrauenart
   mit cremiger Paprikapolenta 60
Karamell-Chips mit Macadamianüssen und Pfeffer 152
Karotten-Speck-Salat mit Ingwer 160
Kartoffelchips mit Ofentomaten-Dip 150

Kartoffel-Knoblauch-Suppe mit gratinierten Kräutern 119
Kartoffelsalat mediterran vom Grill 160
Kartoffel-Scampi-Suppe, meine, mit Basilikum 48
Kartoffelstampf, getrüffelter, aus dem Ofen 132
Kasslerröllchen mit Salsa verde 100
Kirschen, gegrillte, mit gerösteter Brioche 176
Korianderstangen mit Schokolade 153
Kräutersalz 12
Kross gebratener Zander mit Rote-Bete-Nudelrisotto 84
Kürbis mit Chilipaste im Pergamentpapier
   geschmort 144
Kürbisrösti mit luftgetrocknetem Schinken 129

L

Lachs mit Basilikum geschmort und
   Linsen-Tomaten-Salat 94
Lachsforellentatar mit Sternanis auf Kartoffelchips 27
Lachsminestrone mit Tomaten und weißen Bohnen 85
Lagerfeuer-Lachs im Fladenbrot 168
Lammfiletwürfel mit Selleriesüppchen 22
Lasagne mit Ricotta im Parmaschinkenmantel 74
Lasagne-Spinat-Rouladen mit Gorgonzola 77
Linguine mit Scampi-Bolognese 72

M

Maccaroni & Cheese mit Spinat und Schinken 108
Makkaroni-Speck-Törtchen mit Orangen-Chicorée 80
Makkaronitorte mit Parmaschinken 74
Mallorcagarnelen-Paella mit Austernpilzen 50
Mango-Chili-Chutney mit Schalotten 170
Marinierte Penne mit gerösteten Kastanien und Salami 76
Mariniertes Rinderfilet mit Pilzen
   und Knusperpetersilie 114
Marzipantoast mit Bratapfel und Lavendelmilch 133
Meine Kartoffel-Scampi-Suppe mit Basilikum 48
Meine Schokolade auf italienische Art 64
Meine Spaghetti aglio e olio 73

Miesmuscheln mit Zitronengras, Chili
   und Curry-Croûtons 143
Milchlammschulter mit Oliven geschmort 57

N

Nudel-Spargel-Risotto mit Steinpilzen, Salami
   und Pecorino 82
Nussbrot, gebratenes, mit Kartoffel-Preiselbeer-Dip 18

O

Ofenkartoffeln, gefüllte, mit Kräuter-Dip 161
Orangengranité mit weißer Kaffeesahne 64

P

Paella
– mit Mallorcagarnelen und Austernpilzen 50
– mit Rotwein, Chorizo und Birne 52
Pappardelle mit Feldsalat-Walnuss-Pesto 82
Pata Negra mit gebratenem Spargel und Pistazien 42
Penne, marinierte, mit gerösteten Kastanien
   und Salami 76
Peperoni-Polenta-Törtchen mit Rotwein-Sabayon 96
Perlhuhn im Ganzen mit warmem Lauchsalat 151
Pfirsich, gegrillter, mit Zitronenricotta
   und Mandelhonig 176
Pfirsich mit Sherry in der Folie geschmort 66
Pilze, süß-saure, in der Ofentomate
   mit Speckschnitzel 88
Pilzgratin mit klarem Tomatensud 130
Pochierte Schweinemedaillons mit Feldsalat
   und Brezen-Croûtons 115
Pochierter Rehrücken mit gegrillter Melone
   und Pinienvinaigrette 173
Polenta-Zitronengras-Suppe mit
   Peperoni-Croûtons 140
Popcorn mit Vanille-Zimt-Kardamom-Zucker 153

Poularden-Scampi-Spieß mit gegrilltem Oliventoast 170
Prosecco mit Zitroneneis 38

R

Rehmedaillons in Nussöl mit
   Feigen-Schalotten-Chutney 34
Rehmedaillons mit Cantucci-Brösel 62
Rehrücken, pochierter, mit gegrillter Melone
   und Pinienvinaigrette 173
Ricottaknödel, herzhafte, mit Pfeffer-Zwetschgen 58
Rindercarpaccio mit Büffelmozzarella und Oliven 42
Rinderfilet, heiß mariniertes, in süß-saurem Sud 147
Rinderfilet, mariniertes, mit Pilzen und
   Knusperpetersilie 114
Rinderrücken mit Kräutern rosa gebraten
   und Rotweinzwiebeln 99
Roh marinierter Wolfsbarsch mit geraspeltem Gurkensalat
   und Brotsticks 92
Rotbarbenfilets auf Limetten-Spinat-Salat 28
Rote-Bete-Lachsforellen-Cannelloni mit Kressesauerrahm
   und Feldsalat 116
Rotwein-Paella mit Chorizo und Birne 52

S

Safrangurken eingelegt 63
Safranrisotto mit frittiertem Fenchelgrün 53
Saibling-Basilikum-Rouladen mit
   Sellerie-Limetten-Sud 120
Salbei, gebackener, im Proseccoteig 63
Saltimbocca vom Kaninchen mit
   Balsamico-Honig-Reduktion 61
Sangria Crushed Ice mit Melone und Orangen 38
Sauerkirschsorbet geschabt 110
Sautierte Wildwassergarnelen mit Sesam
   und Romanasalat 90
Scampi-Eintopf vom Grill 164
Scampi-Kräuter-Cappuccino mit Zucchini 47

Scampi-Melonen-Salat mit milder
   Chili-Knoblauch-Marinade 142
Schokolade, meine, auf italienische Art 64
Schweinefilet, gegrilltes iberisches, mit Gazpacho-
   Gemüse 56
Schweinefilet und geschmorte Schweinebäckchen
   mit Lauch-Senf-Rouladen 123
Schweinemedaillons, pochierte, mit Feldsalat
   und Brezen-Croûtons 115
Schweinerücken, gefüllter, vom Grill
   mit Rucola-Zwiebel-Salat 174
Seeteufel, gebratener, auf Safrangurken 46
Seeteufelmedaillons mit kross gebratenem Rosmarin 29
Serrano-Croûtons mit Gazpacho 22
Shrimps-Wan-Tans mit Limette und Sauerrahm 24
Spaghetti, meine, aglio e olio 73
Spaghettinester mit Langostinosauce 70
Spargel, grüner, mit Oliven in der Folie geschmort 43
Spargel in der Folie mit Kartoffelmayonnaise 128
Steckerlbrot vom Grill 161
Sternanis-Birnen mit Schwarzwälder Schinken 20
Süß-saure Pilze in der Ofentomate
   mit Speckschnitzel 88

T

Tagliatelle mit Rotwein und geräucherter Gänsebrust 81
T-Bone-Steak mit Countrypotatoes 107
Thunfisch mit Shiitakepilzen 142
Thunfisch-Kalbs-Involtini mit Zitronen-Kapern-Sauce 54
Tintenfischstreifen auf geröstetem Brot 44
Tomatenbrot, geröstetes, »Mallorca-Style« 40
Truthahnbrust »Thanksgiving«, gefüllte,
   mit jungem Mais 106

W

Weißbier-Sabayon geeist 109
Wildwassergarnelen, gebratene, mit
   Gurken-Safran-Nudeln 91
Wildwassergarnelen, sautierte, mit Sesam
   und Romanasalat 90
Wodka-Biskuits mit Feigen 134
Wokgemüse mit Erdnusspaste 146
Wolfsbarsch, roh marinierter, mit geraspeltem
   Gurkensalat und Brotsticks 92
Würzöl 10

Z

Zander à la Bouillabaisse in der Folie geschmort 95
Zander, kross gebratener, mit Rote-Bete-Nudelrisotto 84
Zanderspieße mit Wirsing-Silvaner-Sud 30
Ziegenfrischkäse mit roten Pfefferbeeren 16
Zitronenmilch, gelierte, mit
   Erdbeer-Kokos-Kaltschale 110

Bildnachweis

Foodphotography Eising/Susie Eising: 4–5, 17, 21, 25, 31,
35, 41, 45, 49, 51, 55, 59, 65, 67, 70, 75, 79, 83, 89, 93, 97,
101, 105, 111, 117, 121, 125, 131, 135, 137, 141, 145, 149,
155, 159, 163, 167, 171, 175, 177, Umschlag hinten
(rechts); Foodphotography Eising/Martina Görlach:
10–13; Derek Henthorn: 6; Dr. Kai Uwe Nielsen: 8–9,
14–15, 36–37, 68–69, 86–87, 112–113, 138–139, 156–157,
178, 179, Umschlag vorne und hinten (oben links)